サービス接遇検定
実問題集
3級
第52回～第58回

公益財団法人 実務技能検定協会 編

はじめに

「サービス」とは，「相手に満足を提供する」ということです。相手が快適であると感じるような世話とか，相手が感じがいいと思うような言葉遣いで接するとかのことです。

この，相手に満足を提供する行動を「接遇」といいます。これをビジネスの場の実務として表現すると，「サービス接遇実務」ということになります。

今日，あらゆる場面で競争が繰り広げられています。競争は勝とうとして行なわれます。例えば，同じ物でも安く売るというサービスで，競争に勝つこともあります。しかし今日，価格のサービスだけでお客さまに満足してもらい，競争に勝つことは難しくなっています。

そこで，競争に勝つためのその他の条件は何かということで，サービスと接遇が問い直され，新たな価値観によって注目されるようになりました。

何かをしてもらう，あるいは物を買うとき，人は快適なサービスと接遇してくれる方へ行きますから，サービス接遇は，「形はないが金銭的価値のある行為」ということになります。

金銭的価値のあるサービス接遇が，行為としてはっきり分かる業務をサービス業といいますが，では，それ以外の業務のサービス接遇はどのようになっているのでしょうか。

会社の仕事，病院の仕事，官公庁の仕事など，どれをとってもサービス業のようなサービスの形はありませんが，どの仕事も相手に満足してもらうために行なわれています。ということは，ビジネスには全てサービス接遇の要素があり，そのサービス接遇に相手は満足しているということです。

この本は，＜サービス接遇実務検定＞受験・合格対策用ですが，本書に収載されている数多くの実問題を繰り返し解くことで，ビジネスの場でのサービス接遇というものの具体的な考え方，行動の仕方，口の利き方などが分かります。この本で学び，サービスの接遇実務能力者として活躍されることを期待いたします。

公益財団法人 実務技能検定協会

本書の利用の仕方

1．本書は，「サービス接遇実務検定試験」の第52回から第58回に実施された3級試験問題を収載しました。

2．巻末の「解答・解説編」は，必要に応じて本編から外して利用できます。また，解答のうち記述形式によるものは，問題の性格上，本書掲載の解答に限定されない「解答例」です。

3．選択問題は，「…適当と思われるものを選びなさい」，「…不適当と思われるものを選びなさい」などの違いに気を付けて読んでください。

4．各問にある「難易度ランク」は，★の数が多いほど難しくなります。

5．試験時間は従来の例ですと，3級は90分です。本書の問題を解く際の参考にしてください。

＊サービス接遇検定の正式名称は「サービス接遇実務検定試験」です。

目　次　　サービス接遇検定3級

はじめに……………………………………………… 3
本書の利用の仕方………………………………… 4
サービス接遇実務検定 試験案内 ……………… 6
サービス接遇実務審査基準………………………… 8

問題編

第58回（2023年 6月11日）……………………… 9
第57回（2023年 2月12日）……………………… 27
第56回（2022年 11月 6日）……………………… 43
第55回（2022年 6月12日）……………………… 59
第54回（2022年 2月13日）……………………… 77
第53回（2021年 11月 7日）……………………… 93
第52回（2021年 6月 6日）……………………… 111

解答編

第58回［解答・解説］……………………… 2
第57回［解答・解説］……………………… 7
第56回［解答・解説］……………………… 12
第55回［解答・解説］……………………… 17
第54回［解答・解説］……………………… 22
第53回［解答・解説］……………………… 27
第52回［解答・解説］……………………… 32

サービス接遇実務検定 試験案内

1. 試験の範囲と合格基準

筆記試験は「理論」と「実技」に領域区分され，それぞれの得点が60％以上のとき合格となります。

Ⅰ．サービススタッフの資質
Ⅱ．専門知識
Ⅲ．一般知識
→ **理論** 60％以上

Ⅳ．対人技能
Ⅴ．実務技能
→ **実技** 60％以上

理論・実技とも60％以上 → **合格**

級位には3級，2級，準1級，1級があり，それぞれの級位によって必要とされる技能の段階に違いがあります。3級の詳細については8ページの「サービス接遇実務審査基準」をご覧ください。

2. 出題形式

3級と2級は約8割～9割が五肢択一の選択問題で，約1～2割が記述問題です。準1級は筆記試験がなく，ロールプレーイング形式の面接試験のみ行なわれます。1級は全問記述式の筆記試験とその合格者には2次試験（面接試験）があります。

3. 合格率（2022年度11月試験実績）

3級 77.5％　2級 67.1％　準1級 82.5％　1級 41.5％

4. 受験資格

誰でも受験することができます。学歴・年齢その他の制限は一切ありません。

5. 試験実施日と受験料（2023年7月現在）

年2回，6月と11月に実施します。ただし前後する場合があります。

3級 3,800円　2級 5,200円　準1級 5,900円　1級 7,800円

6. 受験申し込み方法

個人の申し込みは以下二つの申し込み方法があります。

①インターネットで申し込む

次のQRコードからアクセスし，クレジットカードまたはコンビニエンスストアで受験料を支払う。

スマートフォン用申し込みサイト

②郵送で申し込む

現金書留で，願書と受験料を検定協会に郵送する。

（願書は検定協会より取り寄せる）

受験願書の受付期間は，試験日のほぼ2カ月前から1カ月前です。サービス接遇検定のホームページで確認してください。

7. 検定についてのお問い合わせ

試験日，試験会場，面接試験会場，合格通知，合格証の発行などについては，サービス接遇検定のホームページをご覧ください。その他，不明の点は下記へお問い合わせください。

公益財団法人 実務技能検定協会　サービス接遇検定部

〒169-0075　東京都新宿区高田馬場一丁目4番15号

電話（03）3200−6675

サービス接遇実務審査基準

サービス接遇実務検定３級の審査基準は以下の通りに定められています。

程度	サービス接遇実務について初歩的な理解を持ち，基本的なサービスを行うのに必要な知識，技能を持っている。	
領域		内容
I サービススタッフの資質	（1）必要とされる要件	①明るさと誠実さを，備えている。 ②適切な判断と表現を，心得ている。 ③身だしなみを心得ている。
	（2）従業要件	①良識を持ち，素直な態度がとれる。 ②適切な行動と協調性が期待できる。 ③清潔感について，理解できる。 ④忍耐力のある行動が期待できる。
II 専門知識	（1）サービス知識	①サービスの意義を，一応，理解できる。 ②サービスの機能を，一応，理解できる。 ③サービスの種類を知っている。
	（2）従業知識	①商業用語，経済用語が理解できる。
III 一般知識	（1）社会常識	①社会常識が理解できる。 ②時事問題を，一応，理解している。
IV 対人技能	（1）人間関係	①一般的に，人間関係が理解できる。
	（2）接遇知識	①対人心理が理解できる。 ②一般的なマナーを心得ている。 ③接遇者としてのマナーを心得ている。
	（3）話し方	①接遇用語を知っている。 ②接遇者としての基本的な話し方が理解できる。 ③提示，説明の仕方が理解できる。
	（4）服装	①接遇者としての適切な服装が理解できる。
V 実務技能	（1）問題処理	①問題処理について，理解できる。
	（2）環境整備	①環境整備について，理解できる。
	（3）金品管理	①金品の管理について，理解できる。
	（4）社交業務	①社交儀礼の業務について，理解できる。

サービス接遇検定３級

第58回

試験時間：90分

Ⅰ　サービススタッフの資質

1

難易度 ★★★★★

次はシルバーホームのスタッフ中本久子が，入居者に接するときに心がけていることである。中から不適当と思われるものを一つ選びなさい。

(1) 一人の方が気楽だといつも一人でいる人には，天気の話などで声をかけて反応を気にするようにしている。
(2) 通るたびに声をかけてくる人は自分から話しかけたいのだろうから，こちらからは話しかけないようにしている。
(3) 話しかけても上の空の人には，何か気になることがあるなら私に教えてと言ってその場で少し待つようにしている。
(4) 会うたびに同じ話をしてくる人は話したことを忘れているのだろうから，初めて聞くような表情で聞くようにしている。
(5) 数人で食事をしているときはそばに行き，食材の好き嫌いなどを話題にして，楽しく食事ができるような手助けをしている。

第58回問題
第57回問題
第56回問題
第55回問題
第54回問題
第53回問題
第52回問題

2

難易度 ★★☆☆☆

沢田孝司が勤務するイベント会社では，会場スタッフは蛍光色のベストを制服として着用している。あるとき沢田は先輩に，「会場で制服を着ることにはどのような効果があるのか」と尋ねたところ次のように言われた。中から不適当と思われるものを一つ選びなさい。

(1) 制服は会社で決められている服装なので，イベント内容やセンスを気にせずお客さま対応ができる。
(2) 開演中で会場が暗いときも蛍光色なら見つけやすいので，スタッフはお客さまを意識せず行動できる。
(3) 臨時スタッフも同じ制服を着るので，一緒にイベントを盛り上げようという一体感を持つことができる。
(4) 明るく光る制服を着用しているとお客さまから元気があり生き生きと見えるので，会社の宣伝にも役立つ。
(5) 制服で統一していると，スタッフの態度や振る舞いも制服と同じようにきちんと統一されていると感じてもらえる。

3

難易度 ★★☆☆☆

次はレストランに就職した坂本有希が，「感じのよいお客さま応対の仕方」として指導されたことである。中から不適当と思われるものを一つ選びなさい。

(1) お客さまはスタッフの感じのよさを動作からも感じるから，明るくてきぱきと振る舞うこと。
(2) 注文する料理のことをよく知らなそうなお客さまには，説明してから受けるようにすること。
(3) 感じのよい応対はお客さまが感じることだから，スタッフはお客さまに合わせるようにすること。
(4) 満席で待ってもらわないといけないときは，およその待ち時間を言って待ってもらうようにすること。

(5) 自分には分からないことを尋ねられたら，新人なので分かる範囲で答えると伝えて了承してもらうこと。

4

難易度 ★★★★★

カーディーラー勤務の吉井謙は出身校の後輩から，「自分も販売店で車の営業をしたいと考えているが，どのような人が向いているか」と尋ねられた。次はそのとき吉井が，向いていると思う同僚の仕事ぶりについて話したことである。中から不適当と思われるものを一つ選びなさい。

(1) A —— 見に来ただけと言って車を見ているお客さまに，その車の特長を丁寧に説明していた。
(2) B —— 初めてというお客さまに，以前からよく知っているような気安い態度でざっくばらんに話していた。
(3) C —— 車を見ながら車に関係のない話を長々としているお客さまに，相づちを打ちながら楽しそうに付き合っていた。
(4) D —— 資金がないので購入は無理かもと言うお客さまに，最近は少額でも新車に乗れる便利な方法があると言って興味を持たせていた。
(5) E —— 購入はまだ先になると話しているお客さまに，人気車種は納車に時間がかかるから，思い立ったら連絡してもらいたいと名刺を渡していた。

5

難易度 ★★★★★

高山佳代は就職支援センターでマナーインストラクターをしている。受講者の年齢幅は広くマナーの身に付き方もまちまちなので，高山はそれを意識して皆が効率よく身に付けられるようにと次のことを心がけている。中から不適当と思われるものを一つ選びなさい。

(1) 新しいことを説明するときは，例え話や冗談を交えて，皆が興味を持てるように心がけている。
(2) 皆で一緒に実技演習をするときは，特に身に付いていない人の近くにいて指導するようにしている。
(3) 服装は流行のデザインよりきちんとした感じを意識して，身だしなみの整え方を気付かせるようにしている。
(4) 皆に説明しているとき隣の人にすぐ確認する人は，おしゃべりのもとになるが性格なのだろうから大目に見ている。
(5) 受講者に資料を配るときは，分からないことは何でも聞いてくれなどと気安く声をかけながら渡すようにしている。

Ⅱ　専門知識

6

難易度 ★☆☆☆☆

料飲店のスタッフ藤木祥子は，お客さまから「お愛想…」と言われた。これはどういうことか。次の中から**適当**と思われるものを一つ選びなさい。

(1) この店は思ったより愛想がよいと言っている。
(2) もう愛想（サービス）はないのかと言っている。
(3) もう少し愛想をよくした方がよいと言っている。
(4) もう帰るので会計してもらいたいと言っている。
(5) 今飲んでいるものと同じものを追加と言っている。

7

難易度 ★★☆☆☆

佐々木知花が勤務しているコーヒーショップでは，それぞれのテーブルに「お客さまアンケート」を置いて店の評価や要望などを書いてもらうようにしている。次は佐々木が，このようなことを行う理由について考えたことである。中から不適当と思われるものを一つ選びなさい。

(1) お客さまの要望は，今後新しい企画を考えるときのヒントになるからかもしれない。
(2) お客さまの要望に迅速に対応して，常連客を逃さないようにしたいからかもしれない。
(3) アンケートに書くことでお客さまの気持ちが落ち着き，苦情などはなくなるからかもしれない。
(4) 来店のお客さまがこの店にどのくらい満足しているかを知って，参考にしたいからかもしれない。
(5) 厳しい意見をもらうことのないよう，スタッフに緊張感を持って接客してほしいからかもしれない。

8

難易度 ★★★☆☆

スポーツ用品専門店の販売スタッフ小野里美は店長から，商品を薦めるときはお客さまが買う気になるような薦め方をすることと言われた。次はそのことを意識した小野の応対である。中から不適当と思われるものを一つ選びなさい。

(1) 割引品コーナーの靴を見ているお客さまに，「残りの１点ですが，サイズが合えばとてもお買い得ですよ」
(2) バスケットシューズを見て値段が高いと言うお客さまに，「いい素材を使っているので履き心地は抜群ですよ」
(3) 自分の好みで選ぶと同じウエアになると言うお客さまに，「ご自身がお気に入りのデザインなのですから，それが一番ですよ」

(4) 黒がベースの水着を手にして目立つ水着が欲しいと言うお客さまに，「お目が高いですね。柄がはっきりしているので目立ちますよ」
(5) 女性用テニスウエアを手に取り，サイズを気にしている体格のよいお客さまに，「お客さまでも安心して着用できるストレッチ素材ですよ」

9

難易度 ★★★☆☆

ギフト品売り場担当の新人田島理絵は先輩から，「お客さま応対はお客さまをいらいらさせないように意識すること」と言われ，次のことを教えられた。中から不適当と思われるものを一つ選びなさい。

(1) 品選びで迷っているお客さまには，先に予算を尋ねてそれ以上の品は勧めないような手助けをすること。
(2) お客さまに待ってもらうときは，在庫を確かめてくるなどと理由を言ってその場を離れるようにすること。
(3) 時間がかかる包装をするときには，このように包装するので少し時間がかかるがよいかと断ってからすること。
(4) 幾つもの品の包装を希望するお客さまには，手の空いているスタッフを動員し待ち時間を少なくする努力をすること。
(5) 一つの箱に何種類かを詰めて贈りたいというときは，詰めた後お客さまに見せて納得してもらってから包装すること。

Ⅲ　一般知識

10

難易度 ★★★☆☆

次の中から「費用を自分持ちで他人の仕事を手伝うとき」に使う**適当**な言葉を一つ選びなさい。

(1) 手弁当
(2) ご当地弁当
(3) 松花堂弁当
(4) 仕出し弁当
(5) 幕の内弁当

11

難易度 ★★★★☆

次は，言葉とその意味の組み合わせである。中から不適当と思われるものを一つ選びなさい。

(1) 舌を巻く　＝　非常に感心し驚くこと。
(2) 腹を割る　＝　本当の気持ちを打ち明けること。
(3) 口がおごる　＝　何かにつけて自慢話をすること。
(4) 目を光らす　＝　油断せず厳重に見張りをすること。
(5) まゆにつばを付ける　＝　だまされないように用心すること。

Ⅳ　対人技能

12

難易度 ★★★☆☆

次の「　　」内は，クッキー専門店のスタッフ中島祐子がお客さまに言った言葉である。中から言葉遣いが不適当と思われるものを一つ選びなさい。

(1) 贈り物ならリボンをかけようかということを
「ご進物でしたらリボンをおかけいたしましょうか」
(2) 地方発送もできるので利用してもらいたいということを
「地方発送も承っておりますので，ご利用くださいませ」
(3) うちの自慢のクッキーなので，ぜひ味わってほしいということを
「当店自慢のクッキーですので，ぜひご賞味してくださいませ」
(4) これは日持ちしないので，早く食べてもらいたいということを
「こちらは日持ちしませんので，お早めにお召し上がりくださいませ」
(5) 注文の商品は，明日の何時までに用意すればよいかということを
「ご注文の商品は，明日の何時までにご用意すればよろしいでしょうか」

13

難易度 ★★★★★

次は旅行代理店のカウンター担当馬場佳人のお客さま応対である。中から不適当と思われるものを一つ選びなさい。

(1) 見覚えのあるお客さまが来店したときには，お客さまのことは覚えておりますという感じで会釈をしている。
(2) 雨の日に来店してくれたお客さまには，帰るとき「雨の中をありがとうございました」などの礼を言っている。
(3) 用が済んで帰るお客さまには，カウンター越しであっても席を立って「ありがとうございました」と言ってお辞儀をしている。
(4) 椅子を後ろに引いて立ち上がりそのまま帰ろうとするお客さまには，後のお客さまのために椅子を元に戻すことをお願いしている。
(5) 接客中であっても出入りするお客さまに注意していて，場合によっては「いらっしゃいませ」「ありがとうございました」などと言っている。

14

難易度 ★★★★★

保険会社勤務の大橋久美は，初めてお客さま宅を訪問することになった。次はそのとき先輩から，訪問の際の心がけとして教えられたことである。中から不適当と思われるものを一つ選びなさい。

(1) 病気の話をして愚痴をこぼすお客さまもいるが，嫌な顔をせず聞き役になることも必要である。
(2) 訪問の約束をしている場合でも，電話をしてから訪問するとお客さまは安心して待っていてくれる。
(3) 訪ねたお客さまが話し好きだと感じたら，今回だけと断ってから世間話に耳を傾けるようにすること。
(4) 服装は，整っていることと清潔な感じがすることを心がけ，お客さまに不快感を持たれないようにすること。
(5) 訪ねたときお客さまが忙しそうな場合は，邪魔だと思われないように「お続けください」と言って待つようにすること。

15

難易度 ★★★☆☆

太田直之が勤務するレストランで，ランチのライスの大盛りを無料でサービスすることになった。そこで注文を受けるときお客さまに尋ねることになるが，この場合，どのような言い方をすればよいか。次の中から不適当と思われるものを一つ選びなさい。

(1)「ライスは無料で大盛りにもできますが，いかがでしょうか」
(2)「ライスの大盛り無料サービスを始めましたが，いかがですか」
(3)「ライスの大盛りが無料になりますから，大変お得でございますよ」
(4)「よろしければライスを大盛りにしましょうか，無料でできますが」
(5)「ライスは普通盛りでよろしいですか，無料で大盛りにもできますが」

16

難易度 ★★★☆☆

インテリア雑貨売り場のスタッフ加藤みどりは先輩から，店内をいろいろ見て結局何も買わないお客さまでも，帰るときは一言声をかけることが必要であると言われた。そこで加藤はお客さまにどのように言うのがよいか，次のように考えた。中から不適当と思われるものを一つ選びなさい。

(1) ふらっと立ち寄っただけのようだが，「ありがとうございました」と言うのがよいのではないか。
(2) 今日は気に入る物がなかったようだから，「またよろしくお願いいたします」と言うのがよいのではないか。
(3) 金額で迷っていたようなので，「来週からセールが始まりますのでいらしてください」と言うのがよいのではないか。
(4) せっかく来店してくれたのだから，「お忙しいところわざわざありがとうございました」と言うのがよいのではないか。
(5) 今回は買わなかったが，次の機会には買ってくれることもあるから，「またお立ち寄りくださいませ」と言うのがよいのではないか。

V　実務技能

17

難易度 ★★☆☆☆

リフォーム会社の藤田貴弘は主任から見積書と送付状を渡され，リフォームを依頼したお客さまに，封筒の表に見積書であることが分かる書き方をして送るようにと指示された。このような場合どのように書くのがよいか。次の中から**適当**と思われるものを一つ選びなさい。

(1) 見積書同封
(2) 見積書送付
(3) 見積書在中
(4) 見積書梱包
(5) 見積書封入

18

難易度 ★☆☆☆☆

エステティックサロン勤務の稲本良子は先輩から，この店はお客さまがリラックスできるように次のことを意識していると教えられた。中から<u>不適当</u>と思われるものを一つ選びなさい。

(1) 暑さ寒さの感じ方は個人差があるので，室温設定に気を配りお客さまにも都度確認している。
(2) 店内に流すＢＧＭは，サロンのイメージに合わせて民族楽器を使った緩やかな曲を選んでいる。
(3) インテリアは色味を抑えて落ち着いた雰囲気にし，調度品は小まめにはたきでほこりを払っている。
(4) 観葉植物を見ると癒やされるので，水で固く絞った布で葉を拭いたりして手入れを欠かさないようにしている。
(5) 気軽な雰囲気もリラックスのもとになるので，施術で使用する商品は手に取りやすいよう整えないで置いている。

19

難易度 ★★★★☆

水上涼花の勤務するハウスメーカーでは協力会社を招いて懇親会を行うことになった。当日水上が受付にいると，欠席通知が届いていた工務店の社長が来場したので通知のことを伝えると，「そっちの間違いだろう」と乱暴な言い方である。この場合，水上はいったんわびた後どのように対応するのがよいか。次の中から**適当**と思われるものを一つ選びなさい。

(1) 乱暴な言い方なので，誰か年長者を呼んできて対応してもらう。
(2) 協力会社に来てもらったのだから，出席に訂正して入場してもらう。
(3) 欠席を出席にするのだから，了解を得るために責任者を探しに行く。
(4) 入場してもらうが，欠席通知があったことは相手の間違いとして承知してもらう。
(5) 出席してもらうので乱暴な言い方はやめてもらいたいと言って，冷静になってもらう。

20

難易度 ★☆☆☆☆

笹目守彦の勤務する料飲店では，スタッフ全員が当番制でお客さま用のトイレを２時間置きに点検し清掃している。次は笹目が，なぜ当番制の点検が必要なのか考えたことである。中から不適当と思われるものを一つ選びなさい。

(1) トイレの点検や清掃は忘れがちになるので，当番制にして義務付けているのではないか。

(2) トイレをいつも清潔にしておくには，小まめに点検する以外に方法がないからではないか。

(3) 人は，よそのトイレは平気で汚すものだということを，スタッフに知ってもらうためではないか。

(4) トイレだけでなく，店内を清潔にしようという意識をスタッフ全員に持ってもらうためではないか。

(5) 店内での対応だけがお客さまサービスではないことを，スタッフに分かってもらうためではないか。

21

難易度 ★★★☆☆

次はドラッグストアのスタッフ水原順平が，お客さまに釣り銭を渡すときのことで考えたことである。中から不適当と思われるものを一つ選びなさい。

(1) 釣り銭の紙幣はなるべくきれいな紙幣を選んで渡した方が，お客さまには喜ばれるのではないか。

(2) 釣り銭の額が多いときは紙幣を先に渡し，枚数を確かめてもらってから硬貨を渡す方がよいのではないか。

(3) 金額を先に言ってから釣り銭を渡し，「お間違いございませんね」と言えば安心してもらえるのではないか。

(4) 釣り銭の紙幣が何枚もあるときは，数えやすいようにトレーに１枚ずつずらして並べるのがよいのではないか。

(5) 釣り銭をトレーに乗せて渡すときは,「トレーで失礼いたします」と言って渡した方が感じがよいのではないか。

記述問題　Ⅳ　対人技能

22

難易度 ★★★☆☆

次の下線部分を，意味を変えずにお客さまに言う丁寧な言い方に直しなさい。

(1) 本日，店長は 外出していて[a]，帰って来ない予定です[b]。

(2) よければ[a]，私が 受けます[b] が，どうしますか[c]。

(1)	a	
	b	
(2)	a	
	b	
	c	

23

難易度　★★★★★

次の言葉を，意味を変えずにお客さまに言う丁寧な言い方に直しなさい。

「面倒をかけるが，明日の朝もう一度来てくれないか」

記述問題　V　実務技能

24

難易度 ★★★☆☆

次は日本料理店のスタッフ岩崎里江が，来店のお客さまを席へ案内するために方向を示している絵である。①お客さまが驚いた表情をしているのはなぜか。またこの場合，②方向の示し方はどのようにするのがよいか。それぞれ答えなさい。

①お客さまが驚いた表情をしているのはなぜか。

②方向の示し方はどのようにするのがよいか。

（第58回　終わり）

サービス接遇検定３級

第57回

試験時間：90分

Ⅰ　サービススタッフの資質

1

難易度 ★★★☆☆

サービス業に就職を希望している小林優美は先生から，「周りの人を気遣った行動ができなければよいサービススタッフにはなれない」と言われた。そのことから小林は周囲を気遣う行動として次のようなことを考えた。中から不適当と思われるものを一つ選びなさい。

(1) 入場券などを買うときに人が並んでいたら，次の人を待たせないように財布からお金を出しておくようにすること。
(2) 雨の日に店を出ようとして，ドアの前にこれから入ろうとする人がいたら，待たせないように素早く出てあげること。
(3) 切符を買うために駅名や金額を案内板で確認するときは，邪魔にならないように券売機の前から離れて確認すること。
(4) 駅のホームや通路など混雑している所でキャリーバッグを引くときは，できるだけ自分に近づけて引くようにすること。
(5) エレベーターに乗り操作盤の前に立ったときは，乗ってきた人が階数を言いやすいように相手に目を向けるようにすること。

2

難易度 ★☆☆☆☆

次はホテルに勤務する浅井芳紀が，お客さまによい印象を持ってもらうにはどのようなことを心がけるのがよいか新人に話したことである。中から**適当**と思われるものを一つ選びなさい。

(1) ホテル内でお客さまに出会ったときは，必ず立ち止まり大きな声でこちらからあいさつをすること。
(2) 苦情を言われたら，お客さまの気持ちを逆なでしないように感情は表に出さず，表情を変えずに謝ること。
(3) 勤務中はいつもお客さまに見られていることを意識して，てきぱきとした無駄のない行動を心がけること。
(4) お客さまが不明なことについて尋ねてきたときは，信頼してもらえるように間を空けず一気に答えること。
(5) お客さまを部屋に案内するときは，お客さまの邪魔をしないように後ろから静かに付いていくようにすること。

3

難易度 ★★☆☆☆

次はレストランのスタッフ東山めぐみが先輩から，接客のときの身だしなみについて指導されたことである。中から不適当と思われるものを一つ選びなさい。

(1) 制服のしわや汚れに気を付けて，汚れに気が付いたらすぐに着替えるようにすること。
(2) 手先は目立つので，爪は形を整え，マニキュアの色は口紅に合わせるようにすること。
(3) 飲食物を提供する仕事だから，香りの強い化粧品や香水などは使わないようにすること。
(4) スタッフの顔色は店の印象にも影響するので，化粧などで生き生きと見えるようにすること。
(5) 長い髪をそのままにするのは飲食業には不向きなので，まとめて清潔感が感じられるようにすること。

4

難易度 ★★★★★

次は販売店勤務の石田久美が，お客さま応対について先輩から指導されたことである。中から不適当と思われるものを一つ選びなさい。

(1) お客さまはスタッフの笑顔で店の雰囲気を感じ取るので，応対中は笑顔を絶やさないこと。
(2) 見るだけと言って入店してきたお客さまには，ご自由にどうぞと言ってお客さまを見ないようにすること。
(3) お客さまが来店したときは，他のお客さまの応対中であっても「いらっしゃいませ」とあいさつをすること。
(4) 自分に分からないことを尋ねられたら，曖昧な答え方はせず，分かる者を呼んでくると言って待ってもらうこと。
(5) 買う気のなさそうなお客さまであっても，次にはお客さまになってもらえるように，質問を受けたら丁寧に答えること。

5

難易度 ★★★★★

次は銀行の窓口スタッフ中村孝子が，お客さま応対で心がけていることである。中から適当と思われるものを一つ選びなさい。

(1) お客さまから預かった物を返すときは，大きな物は両手で，小さな物は片手で差し出すようにしている。
(2) 高額の取引のある得意客が来店したときは，周りの人にも分かるようにより丁寧な態度で接するようにしている。
(3) 使用した印鑑をお客さまに返すときは，間違いがないかを確認しやすいように印面をお客さまに向けて渡している。
(4) 用紙の記入に間違いがあったお客さまには記入の仕方を説明し，理解できたら次は大丈夫かと尋ねるようにしている。
(5) 順番を待っていたお客さまが窓口に来たときは，どのお客さまにも「お待たせして申し訳ありません」と言っている。

Ⅱ　専門知識

6

難易度 ★★★★☆

次の中から，「安売り販売」とは関係のないものを一つ選びなさい。

(1) 蔵払い
(2) 払い下げ
(3) 棚ざらえ
(4) 投げ売り
(5) 捨て売り

7

難易度 ★★★★★

団体旅行の添乗員として同行した前田一樹は，隣の部屋が騒々しいので何とかしてもらえないかと内線電話を受けた。同じ団体のお客さまである。このような場合前田はどのように対応するのがよいか。次の中から不適当と思われるものを一つ選びなさい。

(1) 騒々しいといわれる部屋に行き，他のお客さまもいるので少し静かにしてもらえないかと言う。
(2) 騒々しいといわれる部屋に行き様子を確認した後，静かにしてもらうことをホテル側から連絡してもらう。
(3) 騒々しいといわれる部屋に行き，いろんな楽しみ方があるが少しトーンを下げることはできないかと頼む。
(4) 騒々しいといわれる部屋に電話をし，隣の部屋からうるさいと苦情が出ているので静かにしてもらいたいと言う。
(5) 電話をかけてきた人に，「確認するが，せっかくの旅行で楽しんでいるのだから，少しの間我慢できないか」と言ってみる。

8

難易度 ★★★★★

スーパーマーケットの新人村北純一は先輩から，「お客さまが効率よく買い物ができるようにするのもサービスである」と教えられた。そこで村北は，それにはどのようなことがあるかを考えた。次の中から不適当と思われるものを一つ選びなさい。

(1) よく売れる商品はお客さまが手に取りやすいように，陳列の場所を目線の高さにするのがよいのではないか。
(2) お客さまから商品の場所を尋ねられたらすぐ案内できるように，店内商品の配置を覚えておくことではないか。
(3) タイムセールのアナウンスをするときは，商品名などは聞き取りやすいようにゆっくり言うのがよいのではないか。
(4) 陳列棚に商品を追加するときは，そばにいるお客さまには待ってもらって，手早く済ませるのがよいのではないか。
(5) 新しく仕入れた商品は誰もが通るレジのそばに置いて，ポップ広告などで目を引くようにすればよいのではないか。

9

難易度 ★★★★★

次は，レストランスタッフの佐藤春香がお客さまへのサービスとして心がけていることである。中から不適当と思われるものを一つ選びなさい。

(1) お客さまを席に案内するときは，窓際の静かな席か外の眺めのよい所から先に案内するようにしている。
(2) 店内にある段差に気を付けてもらいたいと言うときは，腰を落とし手を段差に近づけて指し示すようにしている。
(3) 気に入った席がないのでまたにするというお客さまには，皆さま少しは我慢しているようだと言うようにしている。
(4) 外国のお客さまには，要望がなくても英語のメニューも一緒に出して，こちらもご覧になりますかと尋ねるようにしている。

第58回問題
第57回問題
第56回問題
第55回問題
第54回問題
第53回問題
第52回問題

(5) 空席待ちのお客さまを案内するときは，次の順番を待っているお客さまにも「もう少々お待ちください」と言うようにしている。

III　一般知識

10

難易度 ★★☆☆☆

次の「　　」内は，下のどの用語を説明したものか。中から**適当**と思われるものを一つ選びなさい。

「新薬の特許期間の切れた後に他社が製造する，新薬と同一成分の医薬品」

(1) メディカル
(2) ヘルスケア
(3) メタボリック
(4) サプリメント
(5) ジェネリック

11

難易度 ★★☆☆☆

次は，用語とその意味の組み合わせである。中から不適当と思われるものを一つ選びなさい。

(1) ニーズ　　　　＝　注文
(2) コスト　　　　＝　原価
(3) クレーム　　　＝　苦情
(4) ストック　　　＝　在庫
(5) メンテナンス　＝　保守

Ⅳ　対人技能

12

難易度 ★★★★★

長谷川香奈が受付を担当しているデンタルクリニックは予約制である。次はその予約についての長谷川の電話応対である。中から不適当と思われるものを一つ選びなさい。

(1) 予約をしたいと言う人に，「痛みがないようでしたら，十分にお時間が取れる日にしますが，いかがでしょうか」
(2) 既に予約している日時を変更したいと言う人に，「日時を申し上げますので，ご都合のよい日時をお選びいただけますか」
(3) 前日の予約時間に来なかった人が新たに予約したいと言う電話に，「予約をお取りしますが，もうご変更はございませんか」
(4) 予約時間が過ぎてしまったが今日は駄目かと言う人に，「待つことになると思いますが，お越しになれるなら受け付けます」
(5) 予約はしていないが痛むので診てもらえないかと言う人に，「先生に確認してみますので，いらっしゃるのは何時ごろになりますか」

13

難易度 ★★★☆☆

婦人服店勤務の田代恵子は先輩から，「お客さまに愛想を言うのもスタッフの仕事」と言われた。次はそのとき教えられた愛想の例である。中から不適当と思われるものを一つ選びなさい。

(1) 取り寄せ品を雨の日に取りに来たお客さまには，
「雨の中，わざわざありがとうございます」
(2) 薦められたスカートの評判がよかったという常連のお客さまには，
「まあうれしい，お薦めしたかいがございました」
(3) いろいろ試着したが今日はやめておくと言って帰るお客さまには，
「お客さまにお似合いになるものがなくてすみません」
(4) 母の誕生日の贈り物にしたいという若い女性客には，
「プレゼントなんてすてきですね。娘の株も上がりますね」
(5) 試着した服のサイズがちょうど合っているお客さまには，
「まるでお客さまに合わせて作ったようにピッタリですね」

14

難易度 ★★☆☆☆

次は，ビジネスホテルのフロント係黒岩裕也のお客さま応対である。中から不適当と思われるものを一つ選びなさい。

(1) 常連客は宿泊カードへの記入は不要なので「ご住所は以前とお変わりはございませんか」と尋ねた。
(2) チェックインのお客さまにキーを渡しながら「何かございましたら，お気軽にご連絡くださいませ」と言った。
(3) 外出から帰って，伝言は入っていないかと言うお客さまに「少々お待ちくださいませ，念のため確認いたします」と言った。
(4) 備え付けのドライヤーが故障していると連絡してきたお客さまに「貸し出し用もございますが，ご入り用ですか」と言った。
(5) チェックインして，このまま出かけるので荷物を預かってもらいたいと言うお客さまに「お荷物をお部屋まで運んでおきましょうか」と言った。

15

難易度 ★★☆☆☆

次は新人販売員の浜川香織が，先輩から指導されたお客さまへの言葉遣いである。中から不適当と思われるものを一つ選びなさい。

(1) 分かったと言うとき
「分かりました」ではなく，「かしこまりました」と言うこと。
(2) 商品を持ち帰るかと尋ねるとき
「持ち帰りますか」ではなく，「お持ち帰りいたしますか」と言うこと。
(3) どっちの商品にするかと尋ねるとき
「どっちにしますか」ではなく，「どちらになさいますか」と言うこと。
(4) 10分ぐらいかかると言うとき
「10分ぐらいかかりますが」ではなく，「10分ほどお時間を頂きますが」と言うこと。
(5) 商品を薦めるとき
「この商品はどうですか」ではなく，「こちらの商品はいかがでしょうか」と言うこと。

16

難易度 ★★☆☆☆

次は紳士用スーツ売り場担当の増田幸夫が考えた，お客さま応対の仕方である。中から不適当と思われるものを一つ選びなさい。

(1) お客さまが熱心にスーツを見比べているようなときは，声をかけることは控えた方がよいかもしれない。
(2) 新社会人の息子にスーツを購入という父と子の二人連れには，父親に意見を聞きながら薦めるのがよいかもしれない。
(3) 接客中に常連のお客さまが声をかけてきたときは，接客中のお客さまから離れて用向きを聞くのがよいかもしれない。
(4) お客さまが求めるサイズがないときは，別のスーツを薦める前に，お取り寄せもできると言った方がよいかもしれない。
(5) お客さまが品選びをしているときは，今お召しのスーツと同じ系統の物をお探しですかなどときっかけをつくるのがよいかもしれない。

V　実務技能

17

難易度 ★☆☆☆☆

米山浩一が勤務する広告代理店では，「訪ねてくるお客さまを，きれいな事務所でお迎えするのもサービスの一つである」との方針から，環境整備の推進委員会が結成され，営業担当の米山もそのメンバーの一人になった。次は，このことについて米山が考えたことである。中から**適当**と思われるものを一つ選びなさい。

(1) 整理整頓が行き届いた事務所では，お客さまは堅苦しく感じ，むしろ落ち着かないのではないか。
(2) サービスは，営業活動の中で行うものであって，環境を整備することとは関係ないのではないか。
(3) 多忙な営業や制作の担当者までが身辺の整理整頓に気を配っていたら，仕事にならないのではないか。
(4) 整然とした事務所は，清潔な印象や誠実さを感じるが，それがお客さまをもてなす環境ということではないか。
(5) 机上にはパソコンやポスター，メモなどが乱雑に置かれているが，この雰囲気の方がお客さまは代理店らしさと活気を感じてくれるのではないか。

18

難易度 ★★★★☆

次は観光地の土産品売り場スタッフ島中明美の，買い上げ品を宅配便で送る場合のお客さま対応である。中から不適当と思われるものを一つ選びなさい。

(1) 何種類もの品を一緒に送るお客さまには，配送受注票を見せて間違いがないか確認してもらっている。
(2) 乱暴に扱うと形が崩れる品を送るときは，取扱注意のラベルを貼って送ることをお客さまに知らせている。
(3) 宅配便の伝票に送り先住所，氏名を記入するときは，間違いを防ぐためにお客さまに書いてもらっている。
(4) 冷蔵や冷凍が必要な品を送るときは，そのことを指定して送った方がよいかとお客さまに確認するようにしている。
(5) 配送手続き完了後お客さまに控えの伝票を渡すときは，交通事情などで指定日時に配達できないこともあることの了承を得ている。

19

難易度 ★★☆☆☆

キッチン用品売り場のスタッフ谷川由紀は，商品購入のお客さまから，「友人への結婚祝いの品なので，のし紙を付けてもらいたい」と言われた。次は谷川が書いたのし紙の上書きである。中から**適当**と思われるものを一つ選びなさい。

(1)「内祝」
(2)「賀寿祝」
(3)「祝御慶事」
(4)「喜寿御祝」
(5)「御結婚御祝」

20

難易度 ★☆☆☆☆

洋菓子店のスタッフ沢井紀美は先輩から，「ひなまつりのケーキの注文を受けるチラシを配りたいので，チラシ作りを手伝ってもらいたい」と言われた。そこで沢井はそのために必要なこととして次のことを先輩に尋ねた。中から<u>不適当</u>と思われるものを一つ選びなさい。

(1)　注文の受付期間
(2)　代金の支払い方法
(3)　ケーキの種類と金額
(4)　チラシの配り方と配る人
(5)　申し込み方法と受け取り方法

21

難易度 ★★★☆☆

次はディスカウントショップの新人スタッフ瀬波真由子が，お客さまから受けた苦情に対しての対応方法として考えたことである。中から**適当**と思われるものを一つ選びなさい。

(1)　商品の苦情を言われた場合は店として謝ってから，メーカーにも連絡をして謝ってもらうのがよいのではないか。
(2)　苦情にはお客さまの感情によるものもあるので，感情的なものかどうかを明らかにしてから謝るのがよいのではないか。
(3)　苦情はさまざまだから，苦情の内容が分からないうちは余計なことは言わず，聞くことに専念するのがよいのではないか。
(4)　接客に対しての苦情だったときは，今後の参考にするために，お客さまにどうすればよかったのか尋ねるのがよいのではないか。
(5)　苦情は原因がどこにあったとしても店に対する苦情と受け止め，まずは謝り，どのような要望も受け入れるのがよいのではないか。

記述問題　Ⅳ　対人技能

22

難易度 ★☆☆☆☆

次の下線部分を，意味を変えずにお客さまに言う丁寧な言い方に直しなさい。

(1) 席に案内(a) するまで，少し時間をもらいます(b)。

(2) 番号札を 取って(a)，あっちで(b) 待ってくれ(c)。

(1)	a	
	b	
(2)	a	
	b	
	c	

23

難易度　★★☆☆☆

次の言葉を，意味を変えずにお客さまに言う丁寧な言い方に直しなさい。

「今日泊まる予定の人だね。予約の名前を言ってください」

第58回問題

第57回問題

第56回問題

第55回問題

第54回問題

第53回問題

第52回問題

記述問題　V　実務技能

24

難易度 ★★☆☆☆

次はレストランのスタッフ古内由佳利が，席へ案内したお客さまに「いらっしゃいませ」と言ってお冷やを出している絵である。古内の様子を見てお客さまが，①不愉快そうな表情をしているのはなぜか。このような場合，②古内はどのようにするのがよいか。それぞれ答えなさい。

①不愉快そうな表情をしているのはなぜか。

②古内はどのようにするのがよいか。

（第57回　終わり）

サービス接遇検定３級

第56回

試験時間：90分

Ⅰ　サービススタッフの資質

1

難易度 ★★☆☆☆

婦人服売り場の新人田辺純子は先輩に，「お客さまに『何かお探しですか』と尋ねても何も言わないお客さまがいるが，そのような場合どのようにすればよいか」と相談した。次はそのとき先輩から言われたことである。中から不適当と思われるものを一つ選びなさい。

(1) 田辺の言葉が聞き取れなかったかもしれないので，近づいてもう一度声をかけるのがよい。
(2) 何も言わないのは何も求めていないということだから，スタッフは何も言わずお客さまから離れるのがよい。
(3) 様子を見ていて，お客さまが手にした品の特長などを言って，応対のきっかけをつくるようにするのがよい。
(4) 探すことに一生懸命ということもあるので，そのまま何も言わずお客さまの近くで声がかかるのを待つのがよい。
(5) ゆっくり見たいと思っているかもしれないので，「ごゆっくりご覧ください」と言って少し離れて待つのがよい。

第58回問題
第57回問題
第56回問題
第55回問題
第54回問題
第53回問題
第52回問題

2

難易度 ★★☆☆☆

カフェスタッフの田村勇斗は常連のお客さまから，「いつものコーヒーと味が違うね」と言われた。田村はいつもと同じものを出したつもりでいたが，このような場合どのように対応するのがよいか。次の中から不適当と思われるものを一つ選びなさい。

(1)「いつもとどのように違っていますか」と尋ねてみる。
(2)「入れ直しますので少しお待ちいただけますか」と言う。
(3)「念のためコーヒーを入れた者に確認してきます」と言う。
(4)「いつもと同じですが体調に変化はございませんか」と尋ねる。
(5)「いつもと同じと思っていましたが，香りはいかがですか」と尋ねる。

3

難易度 ★☆☆☆☆

洋菓子店の新人スタッフ金井ゆりは，スタッフの身だしなみについて先輩から次のように指導を受けた。中から不適当と思われるものを一つ選びなさい。

(1) 仕事用の白色の衣服は汚れが目立つので，染(し)みがないかどうかなどを小まめに確認すること。
(2) 手はお客さまの目につきやすく，荒れていると清潔感を損なうので，小まめに手入れをすること。
(3) スタッフ用の帽子は，汚れや帽子の向きなど確認してから中に髪が納まるようにしてかぶること。
(4) スタッフの表情がさえないと店の印象を悪くするので，濃い化粧でお客さまの気をそらすようにすること。
(5) 身だしなみには動作や言動も含まれるのだから，言葉遣いに気を付け，物の受け渡しは両手で丁寧にすること。

4

難易度 ★☆☆☆☆

家電量販店のスタッフ川田広恵は研修で，「電話の受け答えも店の印象を左右するのだから感じよくしないといけない」と言われた。次はそのとき川田が考えたことである。中から不適当と思われるものを一つ選びなさい。

(1) 電話だから表情は相手に見えないが，雰囲気は伝わるものだから受け答えは笑顔でしよう。
(2)「あのー」「それでですね」などの言葉は，だらしなく感じられるので言わないようにしよう。
(3) 電話応対の姿勢は話し方の調子に表れるから，肘を突いたりせずよい姿勢で話すようにしよう。
(4) 電話を切るときは，感謝の気持ちが伝わるように「ありがとうございます」と頭を下げて言おう。
(5) 予約注文を受けて商品確認の復唱をするときは，お待たせしないように早口で話すようにしよう。

5

難易度 ★☆☆☆☆

次はリゾートホテルのロビーでお客さま案内係をしている倉本充が，お客さまによい印象を持ってもらうために心がけていることである。中から不適当と思われるものを一つ選びなさい。

(1) お客さまを案内するときは，安心してもらえるようにお客さまの先に立って歩くようにしている。
(2) お客さまが声をかけようとしているときは，声がかからなくてもお客さまに近づくようにしている。
(3) 待機しているときは，ロビー全体のお客さまを視野に入れて，お客さまの動きに注意するようにしている。
(4) こちらに近づいてくるお客さまには，待っていることが分かるように視線をお客さまに向けるようにしている。

第58回問題
第57回問題
第56回問題
第55回問題
第54回問題
第53回問題
第52回問題

(5) せっかちなお客さまを案内するときは，落ち着いてもらうためにお客さまのペースには合わせないようにしている。

II　専門知識

6

難易度 ★★★☆☆

次はヘアサロンのスタッフ大場奈央が，お客さまを気遣ったサービスにはどのようなことがあるか，同僚と話し合ったことである。中から不適当と思われるものを一つ選びなさい。

(1) 冬の寒い日にコートを着て来店したお客さまには，温まるまでコートを着たままでもよいと言うようなことではないか。
(2) セットが一通り済んだら，気になるところはないか後ろや横を鏡に映して，お客さまの希望を尋ねるようなことではないか。
(3) お客さまが希望する髪形よりも別のスタイルの方が似合いそうなときは，理由を言って提案してあげるようなことではないか。
(4) 子供を連れてきているお客さまには，待たせている子供にも「もう少し待っていてね」などと声をかけるようなことではないか。
(5) 時間の都合でお客さまに待ってもらわなければならないときは，希望を尋ねて飲み物などのサービスをするようなことではないか。

7

難易度 ★☆☆☆☆

上西拓也が流通サービス業界の研修会に参加したところ，サービスについて次のように指導された。中から不適当と思われるものを一つ選びなさい。

(1) サービスとは，形はないが経済的価値があるものである。
(2) サービスとは，相手を意識しないとできないものである。
(3) サービスとは，こちらの気持ちだけですればよいものである。

(4) サービスとは，受けた人が満足しなければ意味がないものである。
(5) サービスとは，受けた人の利益になることを目的にしたものである。

8

難易度 ★☆☆☆☆

浜口みなみは銀行の案内係である。案内は受付順に行っているが，お客さまが集中して待たせることもある。次はそのときの浜口の応対例である。中から不適当と思われるものを一つ選びなさい。

(1) 待っているお客さまと目が合ったときは，「お待たせして申し訳ありません」と言っている。
(2) 長時間待たせたお客さまが呼ばれて窓口に向かったときは，「大変お待たせいたしました」と言っている。
(3) 待っているお客さま全体には，「順番に受け付けておりますので，しばらくお待ちください」と言っている。
(4) 待たされていると不満顔のお客さまには，「待たされているのは皆さま同じですので，ご了承ください」と言っている。
(5) 急いでいると言ってきたお客さまには，「申し訳ありません。順番を確認してまいりますのでお待ちいただけますか」と言っている。

9

難易度 ★☆☆☆☆

スーパーマーケットレジ係の小沼みどりは先輩から，お客さまのことを考えたサービスの仕方をすることと言われ，次のようなことを教えられた。中から**適当**と思われるものを一つ選びなさい。

(1) 有料のレジ袋を希望するお客さまには，買い上げの量に見合ったサイズを提案してあげること。
(2) レジ係のお客さまサービスは会計処理を早くすることだから，あいさつは顔を見てしなくてもよい。
(3) 少し傷んでいる果物などを気付かず持ってきたお客さまがいたら，そのことを伝えてからレジを打つこと。

(4) 合計額を聞いて財布から小銭を出そうと探しているお客さまがいたら，次のお客さまに「申し訳ございません」と謝ること。

(5) 買うつもりでカゴに入れた商品を買わずに戻したいと言われたら，レジを離れられないと言ってお客さまに戻してもらうこと。

III　一般知識

10

難易度 ★★★★☆

次は，菓子の種類とそれに該当する食べ物の組み合わせである。中から不適当と思われるものを一つ選びなさい。

(1) 水菓子　——　果物
(2) 餅菓子　——　大福
(3) 干菓子　——　レーズン
(4) 蒸し菓子　——　まんじゅう
(5) 氷菓子　——　シャーベット

11

難易度 ★☆☆☆☆

次の中から，「品物の価値がよく分かっている」ことをいう言葉を一つ選びなさい。

(1) 耳が早い
(2) 目が高い
(3) 勘が鋭い
(4) 目がない
(5) 頭(ず)が高い

Ⅳ　対人技能

12

難易度 ★★★★★

日野浩介は弁当宅配サービス業者のスタッフである。次は，宅配サービス契約をしている高齢者宅に日野が弁当を届けたときの利用者に対する対応である。中から不適当と思われるものを一つ選びなさい。

(1) おいしいので弁当の日が楽しみだという人に，食欲があるのは健康な証拠だと言った。
(2) 最近弁当にも飽きてきたという人に，麺類コースもあるので次からそちらに変えようかと言った。
(3) 週末に行く旅行が楽しみと話す人に，顔色もよく元気に見えるのはそのせいかもしれないと言った。
(4) 今日は食欲がないので要らないという人に，作ってくれた人に悪いので食べてもらいたいと言った。
(5) このときのおしゃべりが楽しみだという人に，喜んでもらえてこちらも配達のしがいがあると言った。

13

難易度　★☆☆☆☆

和菓子店の新人細田なつみはチーフから，「お客さまへの言葉遣いを直さないといけない」と言われた。次は，そのとき具体的に指導されたことである。中から<u>不適当</u>と思われるものを一つ選びなさい。

(1)「本日中に食べてください」は，「本日中に召し上がってください」と言うのがよい。
(2)「私的にはこちらをお薦めします」は，「私はこちらをお薦めします」と言うのがよい。
(3)「季節限定商品はこれです」は，「季節限定商品はこちらでございます」と言うのがよい。
(4)「お支払いの方は現金でよろしかったですか」は，「お支払いは現金でよろしいですか」と言うのがよい。
(5)「こちらの商品でお間違いないでしょうか」は，「こちらの商品で間違いなさそうですか」と言うのがよい。

14

難易度　★★★☆☆

奥田達貴が勤務しているカーディーラーに，新入社員の林祐二が配属された。そこで，来店の得意客に林を紹介することにした。次の中から**適当**と思われるものを一つ選びなさい。

(1)「うちの新入りの林です。私同様よろしくお願いいたします」
(2)「このたび新たに仲間入りした林祐二さんです。よろしくお願いいたします」
(3)「私の下で働くことになりました新人の林さんです。これからよろしくお願いいたします」
(4)「新しく入りました林祐二です。まだ緊張していますが，どうぞよろしくお願いいたします」
(5)「これから大変お世話になります林と申します。ご指導ごべんたつのほどよろしくお願い申し上げます」

15 難易度 ★★☆☆☆

次はビジネスホテルのフロント係福田充が，お客さまからかかってきた電話への答え方として教えられたことである。中から不適当と思われるものを一つ選びなさい。

(1) 到着時間が遅れるという連絡の電話に
「承知いたしました。お気を付けておいでくださいませ」
(2) 予約したいという宿泊申し込みの電話に
「毎度ありがとうございます。ご用意させていただきます」
(3) 宿泊予約をしてあるかどうかの確認の電話に
「確かに頂戴しております。当日はどうぞよろしくお願いいたします」
(4) いつも宿泊しているというお客さまの予約の電話に
「いつもありがとうございます。前回はいつごろのご宿泊でしたでしょうか」
(5) 外出したお客さま宛てにかかってきた電話に
「あいにくお電話に出られないようですが，メッセージを承ってお伝えいたしましょうか」

16 難易度 ★★☆☆☆

藤本さやかは販売店のレジスタッフである。ここではポイントカードを発行しているのでほとんどのお客さまは会計時にカードを出す。あるときカードを出さないお客さまがいたので「ポイントカードはお持ちですか」と尋ねると何も言わない。このようなとき藤本はこの後どのように言うのがよいか。次の中から不適当と思われるものを一つ選びなさい。

(1)「当店のポイントカードはご存じですか」
(2)「本日，ポイントカードはお忘れですか」
(3)「ご利用はいつも他の店でございますか」
(4)「お持ちでなければお作りしましょうか」

(5)「ポイントカードはご利用ではございませんか」

V　実務技能

17

難易度 ★☆☆☆☆

宅配便の受付スタッフ島田美希が電話を取ると，「不在票が入っていた。配達指定の時間帯に合わせて帰宅したのに，これでは時間帯指定の意味がない」と言われた。このような場合島田は，お客さまに謝った後どのように対応するのがよいか。次の中から**適当**と思われるものを一つ選びなさい。

(1) 配達担当者が戻ったら，指定時間帯の確認をして返事をするがよいかと言う。
(2) 希望の時間内に配達できるように再度手配をするので，時間を教えてもらえるかと言う。
(3) お客さまの指定時間の勘違いということはないか，念のため確認してもらえないかと言う。
(4) なぜ指定の時間帯前に行ったのかを確認して連絡するので，少し待ってもらいたいと言う。
(5) 配達時間は多少のずれがあるので，時間帯をできるだけ長めにしておいてもらいたかったと言う。

第58回問題
第57回問題
第56回問題
第55回問題
第54回問題
第53回問題
第52回問題

18

難易度 ★★★★☆

貸会議室のスタッフ小嶋玲子は，会議室を使用しているお客さまから内線電話で，「会議終了後，帰りを急ぐ人が何名かいるのでタクシーを手配しておいてもらいたい」と言われた。次はそのとき小嶋が，お客さまに確認したことである。中から不適当と思われるものを一つ選びなさい。

(1) 何台手配すればよいか。
(2) 何時に来てもらえばよいか。
(3) 希望のタクシー会社はあるか。
(4) 予約は誰の名前ですればよいか。
(5) 手配できない場合は誰に連絡するか。

19

難易度 ★★☆☆☆

文具店スタッフの松本宏美はお客さまから，「葬儀に持っていく不祝儀袋はどの上書きのものがよいか」と聞かれた。葬儀は仏式か，神式かと尋ねると分からないと言う。このようなお客さまに松本はどの上書きを薦めるのがよいか。次の中から**適当**と思われるものを一つ選びなさい。

(1) 御霊前
(2) 御香典
(3) 御花料
(4) 御神前
(5) 御榊料

第58回問題
第57回問題
第56回問題
第55回問題
第54回問題
第53回問題
第52回問題

20

難易度 ★★★★☆

書店のスタッフ木村良子は雑誌を購入したお客さまから，「領収書をお願いします。宛て名は後株(あとかぶ)のA商事で」と言われた。金額は消費税込みで1,500円である。次は木村が，このことについて行ったことである。中から不適当と思われるものを一つ選びなさい。

(1) 金額の欄に，「¥1,500. −」と書いた。
(2) 宛て名は，「A商事（株)」と書いた。
(3) 収入印紙は，必要ないので貼らなかった。
(4) ただし書きは，「書籍代」でよいか尋ねた。
(5) 日付は，今日の日付（令和4年11月6日）を書いた。

21

難易度 ★★★★★

携帯電話ショップのスタッフ横山広人は，お客さまが希望する機種の在庫が切れているときの対応について先輩から次のような指導を受けた。中から不適当と思われるものを一つ選びなさい。

(1) 品切れならと他の機種に目を向けているお客さまには，その機種の特長などを説明すること。
(2) 品切れなら他の同程度の物を調べて出直すと言うお客さまには，来店を待っていると言うこと。
(3) 取り寄せの場合入荷はいつごろになるかと聞かれたら，入荷日を知らせて待てるかを尋ねること。
(4) 取り寄せても気に入らないときは買わなくてよいかと言うお客さまには，残念だが仕方ないと言うこと。
(5) 購入する前にその機種を見てみたいと言うお客さまには，近隣で在庫がある系列店を調べて教えること。

記述問題　Ⅳ　対人技能

22

難易度 ★★☆☆☆

次の下線部分を，意味を変えずにお客さまに言う丁寧な言い方に直しなさい。

(1) 連れの人(a)　が　着きました(b)。

(2) みんな(a)　そろったので(b)　お料理を順番に　出します(c)。

(1)	a	
	b	
(2)	a	
	b	
	c	

23

難易度　★☆☆☆☆

次の言葉を，意味を変えずにお客さまに言う丁寧な言い方に直しなさい。

「荷物は全部持って，席を立ってくれるようお願いします」

記述問題　V　実務技能

24

難易度 ★★★☆☆

次はフレンチレストランのスタッフ川島航平が，椅子を引いて来店のお客さまに座るように勧めている絵である。椅子を勧められたお客さまが，①不愉快そうな表情をしているのはなぜか。またこの場合，②川島はどのようにするのがよいか。それぞれ答えなさい。

①お客さまが不愉快そうな表情をしているのはなぜか。

②川島はどのようにするのがよいか。

（第56回　終わり）

サービス接遇検定３級

第55回

試験時間：90分

Ⅰ サービススタッフの資質

1

難易度 ★★★★★

次は，テーマパーク案内係の君山咲希がお客さま案内で行っていることである。中から不適当と思われるものを一つ選びなさい。

(1) パーク内の案内図を見ながら歩いているお客さまには，声をかけて場所の案内をしている。
(2) アトラクションの場所などを尋ねられたときは，お客さまが分かるところまで案内している。
(3) 入り口付近が混雑しているときは，声だけではなく案内板を持つなどして，案内が目立つようにしている。
(4) アトラクションの待ち時間を尋ねられたら，今日は混んでいるので覚悟して待てば間違いないと案内している。
(5) 案内をしていないときは目立つ場所に立つなどして，お客さまからの声かけにすぐ応じられるようにしている。

2

難易度 ★☆☆☆☆

次は和風レストランに就職した大川俊が，「感じのよいお客さま応対の仕方」として指導されたことである。中から不適当と思われるものを一つ選びなさい。

(1) 応対の善しあしはお客さまが見て感じることだから，お客さまに合わせるようにすること。
(2) お客さまはスタッフの感じのよさを動作からも感じるから，てきぱきと明るく振る舞うこと。
(3) 満席で待ってもらわないといけないときは，およその待ち時間を言って待ってもらうようにすること。
(4) 分からないことを尋ねられたら，新人なのでと謝り，お客さまにどうすればよいか指示を受けること。
(5) 料理のイメージが湧かないと言うお客さまには，説明して分かってもらってから注文を受けるようにすること。

3

難易度 ★☆☆☆☆

婦人服売り場のスタッフ花沢千里は店長から，あなたは性格が穏やかだがおとなしいので，販売スタッフとしてはもっと積極性が必要だと言われた。そこで花沢は具体的にどのようにすればよいかを次のように考えた。中から不適当と思われるものを一つ選びなさい。

(1) お客さまにはただ品物を見せるだけでなく，当ててみてくださいと鏡の前へ案内することではないか。
(2) 手に取って見てはいるが決めかねているお客さまに，試着すると感じが分かると言って試着を勧めることではないか。
(3) 見るだけだがと見て回ることに気兼ねをしているようなお客さまに，気にせずどうぞごゆっくりと言うことではないか。
(4) 今日は立ち寄っただけという得意客に，立ち寄ってくれた礼を言いながら，新しい物が入ったなどと知らせることではないか。

(5) 求めていたものが見つかりこれを買いたいというお客さまに，これ以外にもあるがこれでよいのかと確かめることではないか。

4

難易度 ★★★★★

ギフトショップのスタッフ藤井裕太は先輩から，「お客さまに対応するときはいつもてきぱきとすること」と言われている。次は，そのことを意識した藤井の対応例である。中から不適当と思われるものを一つ選びなさい。

(1) 離れた所にいるお客さまから呼ばれたときは，歩くテンポを速めて足早に近寄っている。
(2) お客さまから声をかけられたときはすぐお客さまの方を向き，返事をすると同時に歩き出している。
(3) 作業中にお客さまから声をかけられたときは，てきぱきさが分かるように手を休めずに対応している。
(4) お客さまに商品を勧めるときは，「いかがですか」と言いながら身を乗り出すようにして見せている。
(5) 包装するのに時間がかかるときは，お客さまがいらいらしないように包装の仕方に集中するようにしている。

5

難易度 ★★★★★

生命保険会社の営業スタッフ小嶋美保は，新人研修で顧客訪問の際の身だしなみについて次のような指導を受けた。中から不適当と思われるものを一つ選びなさい。

(1) アクセサリーは，お客さまの印象に残るように大きい物を身に着けること。
(2) マスクをすることがあっても，素顔のままでなく自然な化粧で健康美を出すこと。

(3) お客さまから信頼されるにはきちんとした印象が大事なので，スーツ着用を基本にすること。
(4) 長い髪はだらしなく見えないように，一つにまとめるなどしてすっきりとした印象にすること。
(5) 訪問先では立つ座るなどが多いので，スカートは所作が気にならないゆったりした形を選ぶこと。

Ⅱ　専門知識

6　難易度 ★★★☆☆

松田祐司が勤務する販売会社には「サービス向上月間」がある。

次は松田が，なぜこのような行事があるのかについて考えたことである。中から不適当と思われるものを一つ選びなさい。

(1) 会社の業績を伸ばすためにはサービスがいかに大切かを，社員に分からせるためのものではないか。
(2) この会社の上得意のお客さまに，商品をさらにサービスして販売するためのキャンペーンではないか。
(3) 日ごろのお客さまサービスに至らないところがないか，改めて社員一人一人に意識させるためではないか。
(4) この期間は，特にお客さまサービスを意識した仕事の仕方をすることを社員に呼びかけるためではないか。
(5) 会社がサービスの向上を意識して業務を行っているということを，お客さまにアピールするためではないか。

7

難易度 ★★★☆☆

仲田まりなが勤務する洋食店では，事前に電話で来店時間を言って予約注文すれば，待たずにテイクアウトができる。次は，この店でテイクアウトのお客さまに関して行っているサービスの例である。中から不適当と思われるものを一つ選びなさい。

(1) 持ち運ぶ袋は環境によい紙袋を用意しているが，有料のビニール袋もあるがどうするかと尋ねている。
(2) 複数の注文でどの料理か中身が判断しにくいときは目印を付けておいて，口頭でも説明してから渡している。
(3) 来店予定時間より早くお客さまが取りに来ることを考えて，予約が入ったらすぐに作り始めるようにしている。
(4) お客さまから領収書が欲しいと言われたらすぐ対応できるように，注文を受けるときに尋ねるようにしている。
(5) メニューがよく分からないというお客さまには，人気のメニューやお得なメニューなどを案内してから注文を受けている。

8

難易度 ★☆☆☆☆

ホテルのレストランスタッフ夏木和真は，夕食担当から朝食担当に変わった。次は夏木が，朝食のサービスを行うに当たって心がけようとしたことである。中から不適当と思われるものを一つ選びなさい。

(1) 朝食担当になり出勤が早くなったので，規則正しい生活を心がけ前日の疲れが翌日に残ることがないようにしよう。
(2) 朝なのでお客さまが見えたら，案内する前に「おはようございます」と爽やかな声であいさつをするようにしよう。
(3) 卵料理（オムレツ・スクランブルエッグなど）は，おいしく食べてもらうために好みを細かく尋ねて注文を受けよう。
(4) 朝食は手軽に済ませようとするお客さまが多いが，手軽さの雰囲気に釣られていいかげんなサービスにならないようにしよう。

(5) お客さまによっては朝食にスピーディーなサービスを求めるが，ホテルには格があるのだから，そのことを知ってもらうようにしよう。

9 難易度 ★★☆☆☆

　　村井香奈の勤務するショッピングモールでは，BGMとして音楽を流しているが，雨が降り出すと「雨音のワルツ」という曲を流して，店舗スタッフにそのことを知らせている。次は，この曲を聞いたそれぞれの店舗スタッフが行っていることである。中から<u>不適当</u>と思われるものを一つ選びなさい。

(1) 購入のお客さまに，商品を入れる紙袋に雨よけのビニールをかぶせることを伝える。

(2) 傘を手にしていないお客さまに雨が降り出したことを知らせ，傘売り場の場所を教える。

(3) 折り畳み傘やレインコートなどの雨用グッズを並べたワゴンを，店頭の目立つ所に置く。

(4) 出入り口付近は床がぬれて滑りやすくなるので，小まめに拭けるようモップなどを用意する。

(5) 両手に抱えるほど多くの品物を持ったお客さまには，雨を知らせ配送の案内が必要かと尋ねる。

第58回問題

第57回問題

第56回問題

第55回問題

第54回問題

第53回問題

第52回問題

Ⅲ　一般知識

10

難易度 ★★★☆☆

次は，商売がうまくいっていることを表す言い方である。中から不適当と思われるものを一つ選びなさい。

(1) 千客万来である。
(2) 商売上がったりである。
(3) 業績がうなぎ上りである。
(4) いつもそろばんが合っている。
(5) 売り上げは右肩上がりである。

11

難易度 ★★★☆☆

次は，用語と意味の組み合わせである。中から不適当と思われるものを一つ選びなさい。

(1) 手が切れる　＝　手先が器用で仕事が早いこと。
(2) 手が回る　＝　注意や配慮が行き届いていること。
(3) 手を抜く　＝　仕事などをいいかげんにすること。
(4) 手に余る　＝　自分の能力の範囲を超えていること。
(5) 手を焼く　＝　どう扱っていいか分からないでいること。

Ⅳ　対人技能

12

難易度 ★☆☆☆☆

カフェスタッフの竹本賢司が，「ガチャン」という音に振り向くと，お客さまの前でカップが割れてコーヒーがテーブルにこぼれて広がっていた。このような場合，竹本がこのお客さまに真っ先に声をかけるとしたらどのようなことを言えばよいか。次の中から**適当**と思われるものを一つ選びなさい。

(1)「お客さま，お召し物は大丈夫でしょうか」
(2)「お客さま，おけがはございませんでしたか」
(3)「お客さま，いかがなさいましたでしょうか」
(4)「お客さま，お気になさらないでくださいませ」
(5)「お客さま，すぐに代わりのコーヒーをお持ちします」

13

難易度 ★★☆☆☆

次は美容室のスタッフ桜井えりなが，得意客への応対で言ったことである。中から不適当と思われるものを一つ選びなさい。

(1) 久しぶりに髪を短くするというお客さまに,「イメージチェンジですか。活動的ですてきですね」

(2) これから家族写真を撮りに行くという子供と母親に,「いつも以上に,可愛らしくセットしましょうね」

(3) いつも予約時間を過ぎてしまい申し訳ないというお客さまに,「お仕事はいつもそんなにお忙しいのですか」

(4) 就職の面接試験が近いというお客さまに,「ヘアカラーはいつもと違う落ち着いた雰囲気がよろしいですね」

(5) いつもの間隔より短い期間で予約してきたお客さまに,「今回はいつもより少し早めですがよろしいのでしょうか」

14

難易度 ★★☆☆☆

次は，佐藤佑輔が聞いたことがあるお客さまへのアナウンスである。中から言葉遣いが不適当と思われるものを一つ選びなさい。

(1) 遊園地で,「本日はご来園してくださいまして，誠にありがとうございます」

(2) スーパーマーケットで,「本日の営業時間は午後7時までとなっております」

(3) 列車内で,「お降りになる際は，リクライニングを元の位置にお戻しください」

(4) 大型電器店で,「○○様, お連れさまがお待ちです。1階受付カウンターにお越しください」

(5) アミューズメント施設で,「3階フロアは，終日禁煙とさせていただいておりますのでご了承ください」

15

難易度 ★★☆☆☆

靴売り場担当の萩原佳織は先輩から，「よいサービスはお客さまをよく見ていないとできない」と言われた。そこで萩原は，それはどうしてかを次のように考えた。中から不適当と思われるものを一つ選びなさい。

(1) お客さまを見ていれば，お客さまがどのような靴を求めているかおおよそ分かるから。
(2) お客さまの様子から，買うために見ているのか見て回っているだけなのかの見当がつくから。
(3) お客さまが手に取って見るようなことがあればそばへ行き，似たような靴も紹介できるから。
(4) お客さまが尋ねたいことがありそうなそぶりをしたときに，すぐそばに行くことができるから。
(5) お客さまを気にしていれば，顔が合ったときには軽く会釈するなどして話しかけることもできるから。

16

難易度 ★☆☆☆☆

次は洋菓子店勤務の栗山まみが，お客さま応対で行ったことである。中から不適当と思われるものを一つ選びなさい。

(1) どのケーキにしようかと迷っているお客さまに，それぞれのケーキの特色を説明して，決めやすくしてあげた。
(2) 結婚記念日の祝いにケーキをというお客さまに，「ローソクをご用意できますがいかがいたしますか」と尋ねた。
(3) 後のお客さまが先に注文をしようとしたとき，「順番に伺いますので，少々お待ちくださいませ」と言って断った。
(4) ケーキが何日持つかと聞かれたとき，「賞味期限は箱に表示しますので，そちらでお確かめくださいませ」と答えた。
(5) ケーキを箱に詰めたとき，隙間があったので，「少し隙間がありますので，お気を付けてお持ちくださいませ」と言った。

V　実務技能

17

難易度 ★☆☆☆☆

販売店の配送受付係川原淳也は，ミスがあってお客さまから苦情を言われたときの対応について次のように考えた。中から不適当と思われるものを一つ選びなさい。

(1) 謝罪の前にお客さまに理解してもらうため，ミスの事情を説明しよう。
(2) 無理なことを言われたとしても，相手はお客さまだから黙って聞こう。
(3) お客さまが感情的な言い方になっても，こちらは冷静に聞くようにしよう。
(4) お客さまが苦情を言っている間は，申し訳ないという態度で聞くようにしよう。
(5) ミスへの対処法については誠意を持って話し，了承を得るようにしよう。

18

難易度 ★★★☆☆

次は，ギフト売り場に配属された石井のぞみが，お客さまから聞かれることの多い出産祝いのお返しについて，先輩から教えてもらったことである。中から不適当と思われるものを一つ選びなさい。

(1) お返しの品に決まりはないが，実用品を選ぶ人が多い。
(2) お返しの品にかけるのし紙の上書きは「御返礼」である。
(3) お返しの品を送る場合は，あいさつ状を別に送ると丁寧である。
(4) お返しの品は持参するのが礼儀だが，最近は送ることも多くなった。
(5) のし紙の上書きに書く名前は，一般的には生まれた子供の名前である。

19

難易度 ★★★☆☆

スイミングクラブ受付窓口の田上佳宏は，週１回のクラスに通っている子供の母親から「もう泳げる子もいるのにうちの子は泳げない。指導に問題があるのではないか」と言われた。このような場合，田上はどのように答えればよいか。次の中から**適当**と思われるものを一つ選びなさい。

(1)「指導の仕方を確認しますので，少しお時間をくださいませんか」
(2)「コーチとの相性かもしれませんから，クラスを変更してみますか」
(3)「週２回や３回のクラスもありますので，そちらに変えてみましょうか」
(4)「実際に泳げるお子さんもいらっしゃいますので，指導上の問題ではないと思いますが」
(5)「上達の早い遅いには個人差がありますから，もう少し見守ってあげてくださいますか」

20

難易度 ★☆☆☆☆

ホームセンターのレジ係野口美紀は，買い上げ商品を包装などせずにそのままでよいとお客さまから言われたとき，レジを通った物であることが分かるように，商品に店専用のテープを貼っている。次は，それぞれの品へのテープの貼り方である。中から<u>不適当</u>と思われるものを一つ選びなさい。

(1) 箱入りの品の場合は，箱の開け口を避けて貼る。
(2) おもちゃや縫いぐるみの場合は，値札のタグに貼る。
(3) 電池２個の場合は分かりやすいように，それぞれに貼る。
(4) すぐに使うという傘の場合は，柄にはがしやすいようにして貼る。
(5) 台車に乗っている大きな品の場合は，テープをお客さまに渡している。

21

難易度 ★★★☆☆

次はビジネスホテルの新人スタッフ辻本弘樹が先輩から，会議室を貸し出すときの準備や後片付けの仕方として指導されたことである。中から不適当と思われるものを一つ選びなさい。

(1) 当日の朝は，案内表示の会議名や会議室名に間違いがないかを確認すること。
(2) 会議室の使用が終わったときは，忘れ物やごみなどが残されていないかを点検すること。
(3) 会議室で使う資料などが事前に送られてきたら，当日の使用時間前に会議室に運んでおくこと。
(4) 会議中外部から参加者あてに電話が入ったときは，どのようにするかを担当者に確認しておくこと。
(5) ホワイトボードのマーカーは，インク切れで催促があったらすぐに届けられるように事前に準備しておくこと。

記述問題　Ⅳ　対人技能

22

難易度 ★★☆☆☆

次の下線部分を，意味を変えずにお客さまに言う丁寧な言い方に直しなさい。

(1) 誰か(a)　と　待ち合わせですか(b)。

(2) あの席(a)　に　いる(b)　お客さまを　呼んできますか(c)。

(1)	a	
	b	
(2)	a	
	b	
	c	

23

難易度 ★☆☆☆☆

次の「　　」内は家電量販店の久保雅司が，商品を選んでいるお客さまに言った言葉である。意味を変えずにお客さまに言う丁寧な言い方に直しなさい。

「この冷蔵庫は色違いがある。どれにしますか」

記述問題　V　実務技能

24　難易度 ★★★☆☆

次はレンタカー会社受付スタッフの上西達也が，電話応対中に来店したお客さまに，椅子にかけて待っていてもらいたいとジェスチャーでお願いしている絵である。上西のしぐさを見て，①お客さまが不愉快そうな表情をしているのはなぜか。またこの場合，②上西はどのようにするのがよいか。それぞれ答えなさい。

①お客さまが不愉快そうな表情をしているのはなぜか。

②上西はどのようにするのがよいか。

（第55回　終わり）

サービス接遇検定３級

第54回

試験時間：90分

Ⅰ　サービススタッフの資質

1

難易度 ★★★★★

学童保育室のスタッフ大井川優花は，子供たちと親しくなり楽しく過ごすために次のような対応を心がけた。中から不適当と思われるものを一つ選びなさい。

(1) 一緒に絵を描こうと誘ってきた子供に，絵は苦手だから教えてくれるなら描いてもいいと言った。
(2) アニメソングを口ずさんでいる子供がいたので，そばへ行って好きなアニメのキャラクターを尋ねた。
(3) 授業で描いた絵を褒められたとうれしそうに話してきた子供に，絵を見せてもらいながら手をたたいて褒めた。
(4) 独りでぽつんと退屈そうにしている子供に，おやつを配る当番が足りないので一緒に手伝ってもらえないかと話しかけた。
(5) 飼っている子猫の話を皆の前でしようとした子供に，猫の嫌いなお友達もいるかもしれないから話すのはやめようと言った。

第58回問題
第57回問題
第56回問題
第55回問題
第54回問題
第53回問題
第52回問題

2

難易度 ★★☆☆☆

次はビューティーサロンの島影理恵子が，来店のお客さまに心地よく過ごしてもらうにはどのように対応したらよいか考えたことである。中から**適当**と思われるものを一つ選びなさい。

(1) 待ってもらうときは，雑誌の最新号が入っていると知らせて待ち時間を紛らわせる手助けをしようか。
(2) お客さまが眠気を我慢していそうなときは，さりげなく話しかけて眠気を覚ますようにしてみようか。
(3) カット中お客さまから話しかけられたときは，お客さまが話しやすいように手を休めるようにしようか。
(4) 時間がないので早くやってもらいたいというお客さまには，次は余裕のあるときを選ぶようにお願いしようか。
(5) 仕事柄お客さまに近づくので，お客さまに不快な感じを与えないように香りの強いオーデコロンをつけるようにしようか。

3

難易度 ★☆☆☆☆

次はイベント会場の案内スタッフ大内喜代美が，スタッフの身だしなみについて指導されたことである。中から不適当と思われるものを一つ選びなさい。

(1) 化粧は明るく健康的に見える薄化粧にして，髪形は清潔感が感じられるまとめ方をすること。
(2) 案内係は歩き回ることが多いので，靴はかかとの低い動きやすいものにして磨いておくようにすること。
(3) 制服はいつも着ているので小まめにアイロンをかけるなどして，しわが目立たないように気を付けること。
(4) 案内するときは手が目立つので，きれいに見えるようにネイルアートや濃いめのマニキュアなどをすること。
(5) お客さまの中を行き来することが多い案内係は目立つので，常に見られていることを意識して振る舞いは丁寧にすること。

4

難易度 ★☆☆☆☆

フラワーショップのスタッフ岸川純代は，お客さまによい印象を持ってもらうための応対を次のように考えた。中から不適当と思われるものを一つ選びなさい。

(1) お客さまと話をするときは，声に張りを持たせて生き生きとした感じで話すようにする。
(2) お客さまが気安く話しかけられるように，いつも明るく柔らかな表情をしているようにする。
(3) お客さまから尋ねられたことにはハキハキと答え，話し方は早口にならないように注意する。
(4) お客さまには腰の低い態度が求められるから，いつも背筋を伸ばさないで振る舞うようにする。
(5) お客さまとのやりとりはてきぱきと俊敏に行うことが基本だが，物の受け渡しなどは両手で丁寧にする。

5

難易度 ★★★☆☆

ホームセンターのスタッフ関谷ゆずるは先輩から，お客さま応対について次のように教えられた。中から不適当と思われるものを一つ選びなさい。

(1) 買う気のなさそうなお客さまからの質問でも，お客さまを区別した応答をしてはいけない。
(2) お客さまにせかせかした感じを与えないように，常に落ち着いてゆっくりと行動すること。
(3) 友だちに話すような話し方をするお客さまもいるが，スタッフはそれに合わせてはいけない。
(4) 店の雰囲気はスタッフの振る舞いで決まるので，どんなに忙しくても明るい表情でいること。
(5) 嫌みを言うお客さまもいるが，言われてもお客さまあっての自分たちと思って我慢すること。

Ⅱ　専門知識

6

難易度 ★★★☆☆

ギフトショップのスタッフ桜井るり子は，ギフト商品の包装に時間がかかるため，お客さまを待たせてしまうのが気になっていた。次はこのことについて桜井が考えたことである。中から不適当と思われるものを一つ選びなさい。

(1) 贈り物に添えることができるようにメッセージカードを用意しておいて，よければ書いてもらうのはどうか。
(2) 待ち時間を感じさせないようにするため，お客さまと贈る相手のことを話題にしながら包装するのはどうか。
(3) 包装をする前に包装に要する時間を言って，お客さまが待ち時間の心積もりができるようにするのはどうか。
(4) ギフトはラッピングの見栄えが大切なので，品によっては待たせることがあると店内に掲示をするのはどうか。
(5) 包装をする前におよその時間を伝えて，他に買い物などがあればそちらを済ませてもらいたいと言うのはどうか。

7

難易度 ★☆☆☆☆

販売店の新人スタッフ田岡俊一は，お客さま対応で気を利かせることにはどのようなことがあるか先輩に尋ねたところ，次のように教えてくれた。中から不適当と思われるものを一つ選びなさい。

(1) お客さまが他店で購入した品を幾つも抱えていたら，まとめようかと言って一緒に入れてあげるようなこと。
(2) その商品を買おうかどうか迷っていると言うお客さまには，迷うなら今日は買わない方がよいと言うようなこと。
(3) お客さまが求めている商品を扱っていなかったときは，取扱店がライバル店であっても知らせてあげるようなこと。

(4) 贈り物にする品の色を決めるのに迷っているお客さまには，気に入らないときは交換すると言ってあげるようなこと。
(5) 取り寄せの品が入荷したときは，お客さまに知らせてある予定の日程より早くてもすぐに連絡してあげるようなこと。

8

難易度 ★★★☆☆

次は，言葉とその意味の組み合わせである。中から不適当と思われるものを一つ選びなさい。

(1) 客足　=　店などに客が来ること。
(2) 客先　=　顧客や得意先，取引先のこと。
(3) 客層　=　職業や年齢などで客を区分すること。
(4) 客商売　=　客が集まる方法を考える商売のこと。
(5) 客寄せ　=　手段を用いて客が集まるようにすること。

9

難易度 ★★★☆☆

メンズショップのスタッフ原島寛人は店長から，「お客さまは，商品に詳しいスタッフがいる店より，自分のことを知っているスタッフがいる店に行くものだ」と言われた。次は原島が，なぜそうなるのか考えたことである。中から不適当と思われるものを一つ選びなさい。

(1) 自分を知ってくれていれば，わがままも言いやすいから。
(2) 自分のことを知ってくれている店は，相談をしやすいから。
(3) 知らない人から買うよりも，安心して買うことができるから。
(4) 自分のことを知ってくれている店の方が，他の店より格が上だと思うから。
(5) 商品はさほど違いがないのだから，知っているスタッフから買いたいと思うから。

Ⅲ　一般知識

10

難易度 ★★★★☆

次は，「仕事が忙しい」などの表現をするときに使う言い方である。中から使い方が不適当と思われるものを一つ選びなさい。

(1) きりきり舞いの忙しさ
(2) 首が回らないほどの忙しさ
(3) 猫の手も借りたいほどの忙しさ
(4) 盆と正月が一緒に来たような忙しさ
(5) 席の温まるいとまもないほどの忙しさ

11

難易度 ★★★☆☆

次は，用語とその意味の組み合わせである。中から不適当と思われるものを一つ選びなさい。

(1) サンプル　＝　見本
(2) ストック　＝　在庫
(3) オーダー　＝　注文
(4) マージン　＝　利ざや
(5) コストダウン　＝　値引き

Ⅳ　対人技能

12

難易度 ★★★☆☆

次の「　　」内は，ビジネスホテルのフロントスタッフ山口章太郎がお客さま応対で言った言葉である。中から不適当と思われるものを一つ選びなさい。

(1) 手紙を出したいがポストはどこかと言うお客さまに，「ついでがありますのでお出ししておきましょうか」
(2) モーニングコールを6時半に頼むと言うお客さまに，「明朝6時30分でございますね。かしこまりました」
(3) 外出から帰って私に連絡は入っていないかと言うお客さまに，「残念ですが今のところ入っておりません」
(4) チェックアウトを済ませたお客さまに，「ありがとうございました。またのお越しをお待ちいたしております」
(5) この荷物を夕方まで預かってもらいたいというお客さまに，「承知しました。お気を付けて行ってらっしゃいませ」

第58回問題
第57回問題
第56回問題
第55回問題
第54回問題
第53回問題
第52回問題

13

難易度 ★★★☆☆

レストランのスタッフ島田恭子は，何かを落としたらしい音がしたので振り向いたところお客さまがテーブルの下を見ていた。ナイフかフォークを落としたようだ。このような場合島田はどのように対応するのがよいか。次の中から**適当**と思われるものを一つ選びなさい。

(1) お客さまは何も言わないのだから，言うまでその場で様子を見ている。
(2) すぐにそのお客さまのところに行って，何を落としたかと尋ねて対応する。
(3) すぐにナイフとフォークを持って行き，落とした方を差し出して使ってくれるように言う。
(4) お客さまは音を立てたことが恥ずかしいだろうから，何か言われるまでは知らぬ顔をしている。
(5) すぐにお客さまのところに行き，ナイフとフォークが使いにくければ箸を持ってこようかと尋ねる。

14

難易度 ★☆☆☆☆

中山健太は販売店の*バックヤードで仕事をしている。ある日先輩から「気持ちよく仕事をするためには人間関係が大切」と言われた。次はそのとき中山が，具体的にはどのようなことか考えたことである。中から不適当と思われるものを一つ選びなさい。

＊バックヤード＝商品を売り場へ出すための準備をする場所のこと。

(1) 自分の手が空いていたら，忙しくしている人の仕事を手伝うことかもしれない。
(2) 皆と気さくに話すためには，先輩後輩の違いは気にしない方がよいかもしれない。
(3) 自分と違う考え方をする人でも，その考え方を尊重して付き合うことかもしれない。
(4) 皆と気持ちよく仕事をするには，特定の人に偏った付き合いはしない方がよいかもしれない。

(5) あいさつは誰に対してもこちらが先にすれば，皆によい感じを持ってもらえるかもしれない。

15

難易度 ★★☆☆☆

次は郵便局の新人局員木原めぐみが，お客さまを長時間待たせてしまったときに窓口で最初にどのように言うのがよいか考えたことである。中から不適当と思われるものを一つ選びなさい。

(1)「お待たせして申し訳ありませんでした」
(2)「お待たせいたしまして大丈夫でしたでしょうか」
(3)「大変お待たせいたしました。申し訳ございません」
(4)「長らくお待たせいたしまして，失礼いたしました」
(5)「すみません。貴重なお時間を頂いてしまいました」

16

難易度 ★☆☆☆☆

次は派遣スタッフ南田さゆりが，M社の創立記念祝賀会に受付要員として派遣されたときに行ったことである。中から不適当と思われるものを一つ選びなさい。

(1) 招待客を会場に案内するとき，先に化粧室に行きたいと言われたので近くまで案内しその場で待った。
(2) 案内中のお客さまが知り合いの人に声をかけられ立ち話を始めたとき，少し離れて終わるのを待った。
(3) コートを手にしていたお客さまがいたので，貴重品が入っていないか尋ねて預かりクロークに預けに行った。
(4) 案内中のお客さまからおめでとうございますと言われたとき，お忙しいところをありがとうございますと礼を言った。
(5) 案内中のお客さまから営業部のT氏はいるかと尋ねられたとき，申し訳ない自分は派遣スタッフなので分からないと言った。

V　実務技能

17

難易度 ★★☆☆☆

ゲームセンターに勤務の大野木健太郎は，特別割引デーの宣伝をするため駅前で宣伝文句の入ったティッシュを配ることになった。次はそのときの配り方について先輩から教えられたことである。中から<u>不適当</u>と思われるものを一つ選びなさい。

(1) 受け取ってくれた人には，通り過ぎても「ありがとうございます。お待ちしておりまーす」と言うこと。
(2) 帰宅途中の通勤客に配るときには，明るく「お疲れさまでーす」と言いながらティッシュを差し出すこと。
(3) 受け取らずに通り過ぎようとする人には,「次のご利用をお願いしまーす」と声をかけるようにすること。
(4) 人が多くなったら,「お願いしまーす」とティッシュを手渡しながら,目は次の人を見て配る準備をすること。
(5) 急いでいるような人には,「特別割引でーす」とだけ言って，素早く手元にティッシュを差し出すようにすること。

18

難易度 ★☆☆☆☆

次は，デパートのケーキ売り場担当の大原寿美子が，予約商品を受け取りに来店したお客さまに対して行ったことである。中から<u>不適当</u>と思われるものを一つ選びなさい。

(1) 品物を受け取りに来たお客さまに，注文票の控えを出してもらって一緒に内容を確認してから渡した。
(2) 代金をギフト券で支払いたいというお客さまに少し待ってもらって,当店で取り扱えるか確認してから対応した。
(3) 釣り銭は千円札でもらいたいと言ったお客さまに,「一緒にお確かめいただけますか」と言って目の前で数えて渡した。

(4) この名前で領収証が欲しいと出されたメモの宛名が難しかったので，申し訳ないとわびて直接領収証に書いてもらった。
(5) 精算しているお客さまがまだ終わらないうちに，次のお客さまが伝票を出してきたので「少々お待ちいただけますか」と言った。

19

難易度 ★★☆☆☆

ギフト売り場のスタッフ淵上幸子はお客さまから，「世話になった人に誕生日の祝い品を贈りたい」と相談された。次はそのとき淵上がお客さまに尋ねたことである。中から不適当と思われるものを一つ選びなさい。

(1) 配送にするか持参するか。
(2) 贈りたい相手の性別と年齢。
(3) 相手はどのような性格の人か。
(4) 贈りたいと考えている品はあるか。
(5) 取り寄せる品でも間に合えばよいか。

20

難易度 ★★★☆☆

ホテルのフロント係篠原伸江が，お客さまの受け付けをしようとして予約者リストを見ると名前がない。いつも利用しているので間違いないと言う。そこで篠原は，間違いなく予約を受けているかどうかを確かめるためお客さまに次のことを尋ねた。中から不適当と思われるものを一つ選びなさい。

(1) 予約は本人が直接したのか。
(2) 予約をしたのはいつごろか。
(3) 予約は電話かインターネットか。
(4) このホテルであることは間違いないか。
(5) 会社名で予約したということはないか。

21

難易度 ★☆☆☆☆

市役所市民課に勤務している野原浩介は主任から，「住民が気持ちよく利用できるように意識することも大切な市民サービス」と言われた。そこで野原はそれにはどのようなことがあるか，次のように考えた。中から不適当と思われるものを一つ選びなさい。

(1) 記入台にある申請書類の記入見本は，古くなると印象が悪いので期間を決めて取り換えるのはどうか。
(2) 貸し出し用の傘を用意しておいて，急な雨の日などは貸し出せることを窓口で知らせて対応するのはどうか。
(3) 気持ちよく利用するには職員の態度も大切なので，無駄のないきびきびした対応と早口で話すことを意識したらどうか。
(4) 持ち帰りが自由なパンフレット類は期限切れの物が紛れていないように，開催日や締切日を小まめにチェックするのはどうか。
(5) 窓口カウンターで行うことは申請書類の受け渡しがほとんどなのだから，そのために必要な物以外は置かないようにするのはどうか。

記述問題　Ⅳ　対人技能

22

難易度 ★★★☆☆

次はレストランスタッフのお客さまへの言葉遣いである。下線部分を，意味を変えずにお客さまに言う丁寧な言い方に直しなさい。

(1) 本日は 来店客(a) が多いので，待たせる(b) ことになると 思います(c)。

(2) 時間のかからない物が 欲しいなら(a)， この料理(b) でございます。

(1)	a	
	b	
	c	
(2)	a	
	b	

23

難易度　★★☆☆☆

次は，ビジネスホテルのフロントスタッフ牧野洋一が，宿泊客を呼び出してほしいというお客さまからの電話に応対して言った言葉だが丁寧でない。「　　」内を，意味を変えずに丁寧な言い方に直しなさい。

「お客さまを呼んでいますが，電話に出ません。どうしますか」

記述問題　V　実務技能

24

難易度 ★★★★☆

次はクリニックのスタッフ前島みどりが，待合室で順番を待っている患者さんの中から診察を受ける患者さんを呼び出している絵である。名前を呼ばれた患者さんが手を上げて①不愉快そうな顔をしているがそれはなぜか。このような場合，②前島はどのようにするのがよいか。それぞれ答えなさい。

①不愉快そうな顔をしているがそれはなぜか。

②前島はどのようにするのがよいか。

（第54回　終わり）

サービス接遇検定３級

第53回

試験時間：90分

Ⅰ　サービススタッフの資質

1

難易度 ★★★☆☆

化粧品売り場のスタッフ藤井ゆりはチーフから，「お客さまには敬語を使うこと」と指導された。次はそのとき藤井が，お客さまにはどうして敬語を使うのか同僚と話し合ったことである。中から<u>不適当</u>と思われるものを一つ選びなさい。

(1) 敬語を使って話をすると，店の教育がしっかりしているという印象になるからではないか。

(2) 敬語を使えば自分がへりくだることになり，お客さまを立てることができるからではないか。

(3) 敬語を使えばお客さまは大切にされていると感じ，やりとりがスムーズになるからではないか。

(4) 敬語を使うと，スタッフが公私をわきまえて仕事をしているという雰囲気になるからではないか。

(5) 敬語で応対するときちんとした印象になり，格が上のお客さまが来店してくれるからではないか。

2

難易度 ★☆☆☆☆

眼鏡店勤務の長峰和樹は店長から，店内にお客さまがいないときの待機の仕方について，次のような指導を受けた。中から不適当と思われるものを一つ選びなさい。

(1) 店内にお客さまがいなくても，スタッフは店外から見られていることがあるので気を緩めてはいけない。
(2) お客さまが店内に入ろうとしたとき，客は自分だけだと分かると緊張するだろうから，気を抜いて迎えた方がよい。
(3) 商品を整え直すのはよいが，入り口に背を向けているとお客さまの来店が分からないことがあるので気を付けること。
(4) 仕事の話とおしゃべりの違いは雰囲気で分かるのだから，お客さまが店内にいないときでもおしゃべりをしてはいけない。
(5) ただ立っていても，気を張っていればお客さまを待つ姿勢に見えるが，気が緩んでいるとぼうっとして見えるので気を付けること。

3

難易度 ★★★☆☆

次は紳士服売り場のスタッフ広田剛のお客さま応対である。中から不適当と思われるものを一つ選びなさい。

(1) お客さまが迷ってどちらが似合うかと相談してきたときは，値段に関係なく似合うと思う方を言っている。
(2) 店内を見て回って結局何も買わずに帰るお客さまにも，店を出るときには「またお待ちいたしております」と言っている。
(3) お客さま応対中に別のお客さまが来店したときには，応対を続けながら来店客に向かって「いらっしゃいませ」と言っている。
(4) いつも夫婦で来店する得意客が，今日はゆっくり見たいと一人で来店したときは「どうぞごゆっくり」と言うだけで近寄らないでいる。
(5) お客さま応対中に別のお客さまから声をかけられたら，「ただ今応対中でございますので」と言って応対中のお客さまを優先させている。

4

難易度 ★☆☆☆☆

大堀加奈は新規オープンの洋食店でアルバイトを始めた。研修では，この地域は飲食店が多く競争が激しいので，感じのよい応対でお客さまに印象づけることが必要と指導された。次はそのとき大堀が心がけようと考えたことである。中から不適当と思われるものを一つ選びなさい。

(1) お客さまの要望がよく理解できないときは，待たせるよりはすぐ先輩に対応をお願いしよう。
(2) お客さま応対は，明るい声で言葉遣いに気を付け，間違いに気付いたら言い直すようにしよう。
(3) お客さまが浮かない顔で料理も決めかねているようなときは，お薦めメニューを紹介してみるようにしよう。
(4) お客さまが多く注文が重なって気持ちが焦るときは，間違わないように早口で復唱して落ち着かせるようにしよう。
(5) お客さまにメニューを出すときは，「いらっしゃいませ」の後に「ご来店ありがとうございます」と一言付け加えるようにしよう。

5

難易度 ★☆☆☆☆

クリニックの受付をしている白田陽菜は事務長から，「患者さんに接するときは思いやりのある接し方をすること」と次のように言われた。中から不適当と思われるものを一つ選びなさい。

(1) 患者さんには親しみを感じてもらえるように，明るい表情であいさつをすること。
(2) 患者さんが多く混み合っている日は，受け付けるときに大体の待ち時間を言うようにすること。
(3) 待っていた患者さんの名前を呼ぶときは，お待たせしましたと言ってから呼ぶようにすること。
(4) つらくて浮かない表情の患者さんには，気持ちを同じくするためにつらそうな表情で症状を尋ねること。

(5) お年寄りで行動の遅い患者さんが来院したときは，玄関まで迎えに行き荷物を持つなどの手助けをすること。

Ⅱ　専門知識

6

難易度 ★★★☆☆

フードマーケットのスタッフ井口知大は，午前中に買った生鮮食品（精肉パック）を返品したいと言って夕方訪れたお客さまを対応した。家に帰ったら同じ物があったからだという。このような場合井口は，「申し訳ございませんが」と言った後どのように言って対応すればよいか。次の中から**適当**と思われるものを一つ選びなさい。

(1) 生鮮食品の返品は，常識的にはお受けしないものですのでご容赦ください。

(2) 生鮮食品の返品は，当方の手違いの場合以外はお受けできないことになっております。

(3) 生鮮食品ですので，お客さまのご都合による返品はお受けしないことになっております。

(4) 生鮮食品は，お買い上げ後の管理の仕方がお客さまによって違うので，返品はお断りします。

(5) 生鮮食品の返品は，お客さまの手に渡った物はその後のことが分からないのでお受けできません。

7

難易度 ★☆☆☆☆

ファンシーグッズ店のスタッフ野本唯は店長から，「商品を見せるときは商品のよさが分かるような見せ方が大切」と言われた。次はそのとき野本が，どのようにすればよいか考えたことである。中から不適当と思われるものを一つ選びなさい。

(1) 色違いがある品は，比較しやすいように並べて見せるようにすればよいのではないか。
(2) タオルや傘などは，柄やデザインが分かるように広げて見せるようにすればよいのではないか。
(3) 箱に入っていて取り出せない品は，見本品を置いて実感できるようにするのがよいのではないか。
(4) 手のひらに入るような小さなものでも，お客さまに見せるときは両手で見せるようにすればよいのではないか。
(5) ショーケースの中の高級品などは，品質のよさは外からでも分かるのでそのまま見てもらう方がよいのではないか。

8

難易度 ★★☆☆☆

緒方慎也が勤務しているファミリーレストランでは，それぞれのテーブルに「お客さまアンケート」を置いて，店の評価や要望などを聞いている。次は緒方が，このようなことを行う理由について考えたことである。中から不適当と思われるものを一つ選びなさい。

(1) お客さまの要望に迅速に対応して，常連客を逃がさないようにするためかもしれない。
(2) 来店のお客さまの感想を知って，新しい企画をするときの参考にするためかもしれない。
(3) お客さまは，不満をアンケートに書くことで改善できたと思ってくれるからかもしれない。
(4) 来店のお客さまがこの店にどのくらい満足しているかを知って，参考にしたいからかもしれない。
(5) 厳しい意見をもらうことのないよう，スタッフに緊張感を持って接客してほしいからかもしれない。

9

難易度 ★★★☆☆

衣料品店勤務の松本由美子は先輩から，商品Aに「お勤(つと)め品」と表示するように指示された。このお勤め品とはどのような品のことか。次の中から**適当**と思われるものを一つ選びなさい。

(1) 他と比較して優れている品
(2) 勤め先で着るのに適している品
(3) 当店が特別に値引きしている品
(4) 当店が自信を持って薦めている品
(5) 値段の割には出来上がりがよい品

III　一般知識

10

難易度 ★★★☆☆

次は，「書き入れ時」という言葉の説明である。中から**適当**と思われるものを一つ選びなさい。

(1) 店の会員だけを対象に，謝恩セールを行う日。
(2) 品物の売れ行きがよく，最も利益の上がる時期。
(3) 客が少なく，値札を付けるのに都合のよい時間帯。
(4) 季節物の在庫を一掃するために行う，値引きセールの期間。
(5) 客を呼び込むために，タイムサービスで安売りをする時間帯。

11

難易度 ★★☆☆☆

次のそれぞれの下線部分とその意味の組み合わせが，不適当と思われるものを一つ選びなさい。

(1) 契約のときに手付けを打つ —— 手付金を払う
(2) この取引にはまだ脈がある —— 見込みがある
(3) 無計画な買い物で足が出た —— 赤字になった
(4) 青魚は足が早い —— 身の締まりがよい
(5) 手塩にかけて育てた娘 —— 愛情を持って大切に

Ⅳ　対人技能

12

難易度 ★★☆☆☆

温泉旅館のお客さま係土田千尋がお客さまに呼ばれて部屋に行くと，子供用の浴衣（ゆかた）が大きいと言う。見ると確かに丈が長い。このような場合土田はどのように対応するのがよいか。次の中から不適当と思われるものを一つ選びなさい。

(1)「申し訳ありませんでした。すぐにお届けしますので少々お待ち願えますか」
(2)「合うサイズを探してまいります。少しお時間がかかりますがよろしいでしょうか」
(3)「すぐにお取り換えいたします。念のためお子さまの身長をお教えいただけますか」
(4)「お子さま用サイズを幾つかお持ちしますので，お試しになって合うものをお使いくださいませ」
(5)「ご予約のときお知らせいただいたサイズでご用意しましたが，大きいですね。すぐにお取り換えいたします」

13

難易度 ★☆☆☆☆

ミセス向け婦人服店のスタッフ石崎桃子は先輩から，ここに来店するお客さまは服装に対して敏感な人が多いから，スタッフもそのことを意識した服装を心がけることと言われた。次は石崎が考えたことである。中から不適当と思われるものを一つ選びなさい。

(1) 相手はお客さまだから，スタッフは清潔感のある服装を心がけるのがよいのではないか。
(2) スタッフはお客さまの印象に残るように，個性的なデザインや目立つ色の服を着るのがよいのではないか。
(3) お客さまは服装に敏感なのだから，スタッフは店内の商品を身に着けてアピールするのがよいのではないか。
(4) 服装に敏感な人はスタッフをよく見ているので，服装だけではなく，洋服に合わせた髪形も意識するのがよいのではないか。
(5) お客さまの試着を手伝ったりするので機能性を重視したシンプルなものにし，小物などでおしゃれ感を工夫するとよいのではないか。

14

難易度 ★★☆☆☆

次はドラッグストアのレジ係江藤さくらが，レジでお客さまにクーポン券を持っているかどうかを尋ねるとき，どのように言うのがよいか考えた言い方である。中から**適当**と思われるものを一つ選びなさい。

(1)「クーポン券は持ってきてますか」
(2)「クーポン券をお持ちしていますか」
(3)「クーポン券はお出しになられますか」
(4)「クーポン券はお手元に持参してますか」
(5)「クーポン券はお持ちでいらっしゃいますか」

15

難易度 ★☆☆☆☆

次は，ビジネスホテルのフロントスタッフ浅沼大輝のお客さま応対である。中から不適当と思われるものを一つ選びなさい。

(1) チェックインのお客さまに部屋のキーを渡すとき「ご用の際はフロントまでご連絡くださいませ」
(2) 外出すると言ってキーを戻してきたお客さまに「行ってらっしゃいませ。どちらにお出かけでしょうか」
(3) 外出から戻ったお客さまに預かっていたキーを渡すとき「お帰りなさいませ。お疲れさまでございました」
(4) チェックアウトを済ませたお客さまが帰るとき「ご利用ありがとうございました。行ってらっしゃいませ」
(5) お客さま宛てに届いていた荷物を渡すとき「後ほどお部屋にお届けしましょうか。それともお持ちになりますか」

16

難易度 ★★☆☆☆

次は，歯科医院の受付スタッフ中泉涼花の患者さんへの対応である。中から不適当と思われるものを一つ選びなさい。

(1) 次の予約日を決めるときは，治療内容が関係するのでこちらから幾つか日にちを提示してから決めてもらっている。
(2) 痛みはないが検診してもらいたいという電話には，まずは予約を入れてもらいたいと空いている日時を知らせている。
(3) 短期間で治療を終わらせたいという患者さんには，治療内容によるので分からないが，医師には伝えると言っている。
(4) 予約時間にいつも遅れる患者さんには，他の患者さんにも影響するので遅れるときは連絡を入れてもらいたいと言っている。
(5) 予約日に来院しなかった患者さんが次の予約を入れたいと電話で言ってきたときは，次は大丈夫かと尋ねてから受け付けている。

Ⅴ　実務技能

17

難易度 ★★★☆☆

ショッピングセンター総合案内係の井上留美はお客さまから，「○○という商品を扱っているかどうか，ここから売り場に確認してもらえないか」と言われた。そこで売り場に電話をしたところ呼び出し音は鳴っているが出ない。このような場合井上はお客さまにどのように対応するのがよいか。次の中から不適当と思われるものを一つ選びなさい。

(1) 電話に出ないが，売り場が忙しいからと思われるので少し待ってもらえるかと尋ねる。
(2) その品を扱っているかどうかだけならこちらでも調べられるが，それでよいかと尋ねる。
(3) 売り場は目の前のお客さま対応が優先するから，直接行って尋ねた方が早いかもしれないと言う。
(4) 電話がつながるまで時間がかかるだろうから，売り場に直接行った方が早いと思うがどうするかと尋ねる。
(5) 今は忙しい時間なのだろうから，少し時間を置いてからかけた方がよいと思うと言って売り場の番号を教える。

18

難易度 ★☆☆☆☆

ヘアサロン勤務の松井このみは先輩から，この店ではお客さまに居心地のよさを感じてもらうため，次のことを意識していると教えられた。中から不適当と思われるものを一つ選びなさい。

(1) 店内のＢＧＭは，お客さまがゆったりとした気分になれるよう音量や曲目にも注意している。
(2) 寒い季節は店内も乾燥するので，温度設定だけでなく加湿器などで湿度にも気を配っている。
(3) インテリアは色味を抑えて落ち着いた雰囲気にし，調度品は開店前にはたきでほこりを払っている。

(4) 観葉植物を見ると癒やされるので,水やりのときに葉のほこりを取り,生き生きと見えるようにしている。

(5) お客さまが席にいる間に掃除をするのは失礼になるので，カットしたお客さまの髪はそのままにしている。

19

難易度 ★★★★☆

ギフト売り場のスタッフ東野美久はお客さまから，「出産祝いのお返しをしたいが，上書きはどのように書いたらよいか」と聞かれた。次は，そのとき東野が答えた上書きの言葉である。中から**適当**と思われるものを一つ選びなさい。

(1)「御祝」
(2)「寸志」
(3)「粗品」
(4)「内祝」
(5)「返礼」

20

難易度 ★★★☆☆

次は貸会議室のスタッフ今井宏和が，研修を行うため会議室を予約したお客さまに当日の朝確認したことである。中から不適当と思われるものを一つ選びなさい。

(1) 研修中参加者宛てに電話が入ったときは，会議室に回してもよいか尋ねた。
(2) 館内のＢＧＭを昼の休憩時に会議室にも流すことができるが，どうするか尋ねた。
(3) 会議室のレイアウトは依頼された通りにしてあるが，その後の変更はないか尋ねた。
(4) 受付に研修で使う資料が届いているので，中身の確認を手伝うがどうするか尋ねた。
(5) 休憩時に出す飲み物の注文を受けているが，いつごろ出せばよいか時間の確認をした。

21

難易度 ★★☆☆☆

家電量販店のスタッフ石井翔太は，お客さまの苦情を受けたときの対応の仕方として次のように指導された。中から不適当と思われるものを一つ選びなさい。

(1) お客さまの苦情を聞くときは，今後の改善のためにもどこに原因があるのかを考えながら聞くこと。
(2) 謝るときは，言い方の調子や言葉遣いによってお客さまが気分を害することもあるので気を付けること。
(3) 苦情を言うお客さまは気持ちが高ぶっているから，気が静まるまでは何も言わず黙って聞いていること。
(4) 自分では苦情に対応できず責任者に代わってもらうときは，お客さまにそのことを話してから代わること。
(5) お客さまが苦情を言うのは店に何らかの問題があったからなのだから，いきさつはどうであれまず謝ること。

記述問題　Ⅳ　対人技能

22

難易度 ★★☆☆☆

次の下線部分を，意味を変えずにお客さまに言う丁寧な言い方に直しなさい。

(1) <u>今日</u>(a)　ご注文いただきますと来週には　<u>品物が入ってきます</u>(b)。

(2) 商品を　<u>見てもらってから</u>(a)　<u>渡す</u>(b)　ことになりますが，　<u>よいか</u>(c)。

(1)	a	
	b	
(2)	a	
	b	
	c	

第58回問題
第57回問題
第56回問題
第55回問題
第54回問題
第53回問題
第52回問題

23

難易度 ★☆☆☆☆

次は日本料理店の藤井香代が，来店した予約客に言った言葉である。「　　」内を，意味を変えずにお客さまに言う丁寧な言葉に直しなさい。

「予約は誰の名前でしましたか」

記述問題　V　実務技能

24

難易度 ★★☆☆☆

次は美容院のスタッフ米沢紀彦が，お客さまを席に案内している絵である。①お客さまが困っているがそれはなぜか。またこの場合，②米沢はどのように案内するのがよいか。それぞれ答えなさい。

①お客さまが困っているがそれはなぜか。

②米沢はどのように案内するのがよいか。

（第53回　終わり）

サービス接遇検定３級

第52回

試験時間：90分

I　サービススタッフの資質

1

難易度 ★☆☆☆☆

ジュエリーショップのスタッフ野口理彩は先輩から，お客さまには愛想よくするようにと言われた。次は野口が，愛想のよい応対は店やお客さまにどのような影響があるのか同僚と話したことである。中から不適当と思われるものを一つ選びなさい。

(1) 気安い店と感じてくれるだろうから，気兼ねなく品選びをしてくれるかもしれない。
(2) 雰囲気がよいと感じてくれるだろうから，気持ちよく買い物をしてくれるかもしれない。
(3) こちらの気遣いを感じてくれるだろうから，買い上げ品の交換をする人が減るかもしれない。
(4) 気取りがない店と感じてくれるだろうから，若い人の来店が増えるようになるかもしれない。
(5) もったいぶったところがない店と感じてくれるだろうから，気軽に商品を試してくれるかもしれない。

2

難易度 ★★☆☆☆

旅行代理店受付カウンターのスタッフ仲田美希は先輩から，お客さまからよい店と評価されるためには，スタッフの感じのよさが大切と言われた。そこで仲田は，そのためにはどのようにすればよいかを次のように考えた。中から不適当と思われるものを一つ選びなさい。

(1) 初めてのお客さまであっても，「いつもありがとうございます」と，親しみを持って応対するのがよいかもしれない。
(2) お客さまが来店したときは，接客中でも「いらっしゃいませ」とあいさつをして明るく迎えるのがよいかもしれない。
(3) 待たせたお客さまを受け付けるときは，「お待たせして申し訳ございませんでした」と，丁寧に謝るのがよいかもしれない。
(4) 希望のホテルが取れず残念がっているお客さまには，「人気のホテルは仕方ないですよ」と，慰めの言葉をかけるのがよいかもしれない。
(5) 次のお客さまが待っていて急がないといけないときでも，帰るお客さまには，「ご利用ありがとうございました」と丁寧に言うのがよいかもしれない。

3

難易度 ★★☆☆☆

次は，ショッピングセンター総合案内係の新人高井瑞穂が，お客さまによい印象を持ってもらうにはどのようにすればよいか考えたことである。中から不適当と思われるものを一つ選びなさい。

(1) お客さまの質問に答えるときは，親しみを持ってもらえるように優しい笑顔でする。
(2) お客さまが気軽に質問しやすいように，いつも柔らかな明るい表情をしているようにする。
(3) 質問されたことに答え終わったら，今の説明で理解できたかをこちらから尋ねるようにする。
(4) センターの周辺にある店のことを聞かれても，センター内のことと同じように親身になって応対する。

(5) 高齢のお客さまの中には聞き取るのに時間のかかる人もいるので，案内をするときはそのことを意識する。

4

難易度 ★★☆☆☆

次は，販売店に勤務するスタッフ5人のそれぞれの性格である。中から販売スタッフとして好ましくない（不適当）と思われるものを一つ選びなさい。

(1) A子 —— 明るい性格で行動も早いが，感情がすぐ顔に表れるので，自分の気持ちに正直な人と言われている。
(2) B男 —— 人の面倒を見ることを苦にせず，頼まれると断れずに引き受けてしまうので，お人よしと言われている。
(3) C子 —— 行動にやや鈍さがあるが，何を言われても気にしないので，こだわりがないおおらかな人と言われている。
(4) D子 —— 汚れていればすぐに掃除をし，散らかっていればすぐに整理整頓をするので，きれい好きと言われている。
(5) E男 —— 少し口下手だが，体を動かすことを嫌がらず誰とでも分け隔てなく接するので，真面目な人と言われている。

5

難易度 ★☆☆☆☆

ショールームのお客さま相談コーナースタッフの平山京子は主任から，お客さま応対が雑だと注意された。休日は特にお客さまが多いので雑になることがある。そこで平山は同僚と，お客さま応対の改善について次のように考えてみた。中から不適当と思われるものを一つ選びなさい。

(1) 忙しいときは早口になりがちなので，いつも落ち着いた調子で話すようにしたらどうか。

(2) 長く待っていたお客さまには，休日の貴重な時間に待たせて申し訳ないと最初に言ったらどうか。
(3) お客さまにどのような相談かを尋ねるときは，言葉だけでなく，表情も柔らかくして言ったらどうか。
(4) 夫婦客でそれぞれ意見が違うときは，二人の考えをまとめてから出直してもらいたいと言ったらどうか。
(5) 用件が終わって雑談をしたそうなお客さまには，何かあったらまたいつでも来てくださいと言ったらどうか。

Ⅱ　専門知識

6

難易度 ★☆☆☆☆

スカーフ売り場の河野律子は，若い男性から「母の誕生日にスカーフをプレゼントしたいが，どんな物がよいか」と相談された。母親の好みは分からないと言う。このような場合河野は，どのように対応するのがよいか。次の中から**適当**と思われるものを一つ選びなさい。

(1) 母親なら地味なデザインが無難と言って河野が二，三点選び出し，その中から選んでもらう。
(2) 男性がスカーフを選ぶのは難しいと話して，よければ自分が喜ばれそうな物を選ぼうかと言う。
(3) 母親へのプレゼントなら女性が選ぶ方がよいと話し，女性の友人と一緒に選んではどうかと言う。
(4) スカーフには好みがあるので本人が選んだ方が無難だと話し，後日一緒に来店してはどうかと言う。
(5) 選んでみて気に入らなかったときは交換すると話し，母親の雰囲気などを聞きながら選ぶ手伝いをする。

7

難易度 ★★☆☆☆

病院勤務の野山沙希は事務長から「病院もサービス業だから，患者さんへの接し方をスタッフ同士で話し合って，感じのよい病院と言われるようにしてもらいたい」と言われた。次はそのときスタッフで話し合ったことである。中から不適当と思われるものを一つ選びなさい。

(1) 入院の説明をするとき，一度で分からない人には，大きな声で繰り返し説明することにしたらどうか。
(2) 院内で，困っているような患者さんに出会ったら，「何かお困りですか」と尋ねるようにしたらどうか。
(3) 場所を尋ねられて説明をするとき，行き方が複雑で分かりにくい所は，図を書いて渡すようにしたらどうか。
(4) 診療が終わった患者さんが会計窓口に来たときは，精算の前に「お疲れさまでした」と言うようにしたらどうか。
(5) 受付窓口に患者さんが近づいてきたら，用件を聞く前に「こんにちは」などとあいさつをすることにしたらどうか。

8

難易度 ★★☆☆☆

次は商品に関する用語とその説明の組み合わせである。中から不適当と思われるものを一つ選びなさい。

(1) 見切り品　＝　見限って安く売る品のこと。
(2) 非売品　＝　一般の人には売らない品のこと。
(3) お勧め品　＝　特別に値引きして売る品のこと。
(4) 定番商品　＝　いつも同じ場所に置いてある品のこと。
(5) 限定商品　＝　数量や範囲をある程度限って売る品のこと。

9

難易度 ★★★☆☆

家電販売店のスタッフ稲田義人は先輩から，「サービスはお客さまの要望に応じることも大事だが，店のサービスを提供することも必要」と次のように指導された。中から不適当と思われるものを一つ選びなさい。

(1) 発売前の新製品の予約を受けるのもサービスだが，在庫がある類似品を薦めるのもサービスである。
(2) お客さまの質問に答えるのもサービスだが，それに関連することを一緒に説明するのもサービスである。
(3) お客さまに希望の品を提供するのもサービスだが，比較のため類似品を一緒に紹介するのもサービスである。
(4) 配送はできるだけ早くするのがサービスだが，新居への配送なら吉日を選ぼうかと提案するのもサービスである。
(5) 便利な多機能製品を薦めるのもサービスだが，お客さまによっては簡単に操作できる製品を薦めるのもサービスである。

Ⅲ　一般知識

10

難易度 ★★☆☆☆

次は，料理飲食店などで，「別称で使われている用語」と「その物の名称」の組み合わせである。中から不適当と思われるものを一つ選びなさい。

(1) お手元　＝　箸
(2) 上がり　＝　酒
(3) 波の花　＝　塩
(4) お愛想　＝　勘定
(5) 紫　　　＝　しょうゆ

11

難易度 ★★☆☆☆

次の中から，「自分の利益を増やすこと」を言うときに使う言葉を一つ選びなさい。

(1) 腹が太い
(2) 腹が黒い
(3) 腹をくくる
(4) 腹を肥やす
(5) 腹を据える

Ⅳ　対人技能

12

難易度 ★★☆☆☆

次の「　　」内は，和菓子店のスタッフ松島和也がお客さま応対時に言ったことである。中から不適当と思われるものを一つ選びなさい。

(1) いつも買ってもらってありがとうということを
「いつもお買い上げいただきありがとうございます」
(2) 今包むので少し待ってもらいたいということを
「ただ今お包みしますので少々お待ちくださいませ」
(3) 生ものなので賞味期限内に食べてくれということを
「生ものですので賞味期限内にご消費くださいませ」
(4) 地方発送も受けているので利用してもらいたいということを
「地方発送も承っておりますので，ご利用くださいませ」
(5) うちで新しく出した商品だが試食してみてくれということを
「当店の新商品ですがどうぞご試食なさってみてください」

13

難易度 ★★★☆☆

ヘアサロンのスタッフ相馬一樹は店長から，「お客さまに得意客になってもらうには，愛想のよい応対で店に親しみを持ってもらうこと」と言われた。次はそのことを意識して行った相馬のお客さま応対である。中から不適当と思われるものを一つ選びなさい。

(1) 具合が悪いので予約をキャンセルしたいという電話に
「それは残念ですね。では次のご予約はいつごろになりそうですか」
(2) 勘違いなのか，定休日に予約をしたいという電話に
「お受けしたいのはやまやまなんですが，その日は定休日でございます。申し訳ありません」
(3) 理髪が終わって帰る初めてのお客さまに
「ありがとうございました。おいでいただいたのも何かのご縁ですので，またお待ちしております」
(4) にわか雨に遭い駆け込んできたお客さまに
「あいにくでございましたね。このタオルでぬれたところをお拭きになって少々お休みくださいませ」
(5) 予約の時間に遅れるという電話に
「ご連絡ありがとうございます。理髪を少し急がせていただきますが，きっちり仕上げますのでご安心ください」

14

難易度 ★☆☆☆☆

レストランのスタッフ田中有香はマネジャーから「あの店はよいと評判になるのは，味に加えてスタッフのお客さま応対である」と教えられた。次はそのような指導を受けて行った田中のお客さま応対である。中から**適当**と思われるものを一つ選びなさい。

(1) 空いている席に案内したが他の空席を見回しているお客さまに，「他のお席に移動したいということですか」と尋ねた。
(2) 閉店は何時ですかと聞いてきたお客さまに，「10時ですが，もうすぐ

第58回問題
第57回問題
第56回問題
第55回問題
第54回問題
第53回問題
第52回問題

ラストオーダーですのでお急ぎください」と言った。

(3) 注文は受けたがその後もメニューを見ているお客さまに，「何かございましたら遠慮なくおっしゃってください」と言った。

(4) 帰るときおいしかったと言ったお客さまに，「当店自慢の料理ですから当然です。ではまたご来店いただけますか」と言った。

(5) メニューを見てはいるが迷って決めかねているお客さまに，「なかなか決まらないようなら，少し後にまた参ります」と言った。

15

難易度 ★☆☆☆☆

携帯電話販売店のカウンタースタッフ杉山拓実が電話中のところへお客さまが来店した。あいにく他のスタッフは皆接客中で，杉山のカウンター席だけが空いている。このような場合杉山は，電話の相手と来店客にどのように対応するのがよいか。次の中から不適当と思われるものを一つ選びなさい。

(1) 電話は続けながら，来店客を見て軽く会釈をしてあいさつをし，その後椅子を勧める。

(2) 電話の送話口を手で押さえて，来店客に「少々お待ち願えますか」と素早く言って椅子を勧める。

(3) 電話は続けながらすぐ立ち上がって，来店客に手で椅子を勧めて待ってもらいたいことを分かってもらう。

(4) 電話の相手に「少々お待ちいただけますか」と言って保留にし，来店客に少し待ってもらうことをお願いしてから電話に戻る。

(5) 電話は続けながら，受話器を指で指して電話中であることを伝え，手のひらを来店客に向けて出し「待って」というしぐさをする。

16

難易度 ★★★☆☆

次は化粧品販売店の五十嵐絵美が，新商品の予約を受けたときお客さまに言った一連の言葉である。中から言葉遣いが<u>不適当</u>と思われるものを一つ選びなさい。

(1)「こちらの商品は2週間後に発売の予定でございます」
(2)「はい，確かにご予約を承りました」
(3)「入荷いたしましたらお電話でお知らせいたします」
(4)「商品はご予約券と引き換えとさせていただきます」
(5)「ご来店の際はこちらのご予約券をお持ちしてくださいませ」

V　実務技能

17

難易度 ★☆☆☆☆

タクシードライバーの川辺敬一が，営業所からの無線連絡でお客さま宅に出向いたところお客さまから，「来るのが遅い」と苦情を言われた。営業所が大体の待ち時間を言わなかったらしい。このような場合川辺は，「申し訳ありませんでした」と謝った後どのように言うのがよいか。次の中から**適当**と思われるものを一つ選びなさい。

(1) 営業所に帰ったら，なぜお客さまに言わなかったのか，状況を調べておくと言う。
(2) 交通渋滞もあるので，今後は少し余裕を持って電話してもらいたいとお願いする。
(3) 営業所の対応ミスだと思うので，今後このようなことのないように注意すると言う。
(4) 一番近くにいたタクシーが来たのだが，交通渋滞での遅れは仕方のないことだと言う。
(5) 営業所が待ち時間を言わないときは，お客さまから尋ねてもらえればよかったのにと言う。

第58回問題
第57回問題
第56回問題
第55回問題
第54回問題
第53回問題
第52回問題

18

難易度 ★★★★☆

貸会議室予約係の山根知佳は，会議室を使いたいという会社から予約を受けた。次はそのとき山根がお客さまに尋ねたことである。中から不適当と思われるものを一つ選びなさい。

(1) 日時と人数
(2) 会議名の表示
(3) 会社の代表者名
(4) 当日用意する備品
(5) 会議室のレイアウト

19

難易度 ★★☆☆☆

次は文具店のスタッフ外山希美がお客さまから，法事で現金を包むときの上書き（不祝儀袋）はどれがよいかと質問されたときに答えたことである。中から**適当**と思われるものを一つ選びなさい。

(1)「御榊料」
(2)「御花料」
(3)「御布施」
(4)「御仏前」
(5)「忌明け」

20

難易度 ★☆☆☆☆

宅配便の配達係遠藤裕樹がお客さまに品物を届けたところ，他にもあるはずと言われた。今日を配達指定日にした物だという。このような場合遠藤は，どのように対応すればよいか。次の中から不適当と思われるものを一つ選びなさい。

(1) 営業所に残っているかもしれないので，すぐ営業所に確認して連絡すると言う。

(2) 自分は配達担当で詳しいことは分からないので，営業所に戻り確認して連絡すると言う。
(3) 他に荷物は預かっていないので，別の者が配達するのかもしれない，待ってもらいたいと言う。
(4) 他の届け物の中に紛れ込んでいるかもしれない，車の中を見てくるので待ってもらいたいと言う。
(5) 自分は配達担当なので，当社のホームページで品物がどこにあるかをお客さまが調べた方が早いと言う。

21

難易度 ★☆☆☆☆

次はスポーツ用品専門店のスタッフ新田詩織が，店内の整理整頓について気を配っていることである。中から不適当と思われるものを一つ選びなさい。

(1) セール品は，手に取って見やすいように，箱から出して入り口から近い場所に並べている。
(2) 陳列してある用具類などは，きれいに見えてもはたきなどで常にほこりを払うようにしている。
(3) 靴の在庫は展示品の下に重ねておくが，お客さまがサイズ探しなどでずらしてしまうので小まめに整えている。
(4) 棚に並べたスポーツウエアは，お客さまが気軽に手に取れるように，畳み方が多少乱れていてもそのままにしている。
(5) 初心者でも必要なものが分かるように，関連する商品は近くに並べて，尋ねられたとき案内しやすいようにしている。

記述問題　Ⅳ　対人技能

22

難易度 ★☆☆☆☆

次の下線部分を，意味を変えずにお客さまに言う丁寧な言い方に直しなさい。

(1) 先日　<u>注文</u>を (a)　<u>もらっていた</u> (b)　商品でございます。

(2) お色違いも　<u>あるので，</u> (a)　<u>よければ，</u> (b)　<u>持ってきましょうか</u> (c)。

(1)	a	
	b	
(2)	a	
	b	
	c	

23

難易度 ★★★★★

次はギフトショップの長野幹男が，商品を選んでいるお客さまに言った言葉である。「　　」内を，意味を変えずにお客さまに言う丁寧な言い方に直しなさい。

「希望の商品が決まったら，ここに書いてくれ」

記述問題　V　実務技能

24

難易度 ★★★☆☆

次はファミリーレストランのスタッフ松田えりが，お客さまからの注文をオーダー端末に入力している絵である。注文を受けている松田の様子を見て，①お客さまが不愉快そうな表情をしているのはなぜか。またこの場合，②松田はどのようにするのがよいか。それぞれ答えなさい。

①お客さまが不愉快そうな表情をしているのはなぜか。

②松田はどのようにするのがよいか。

（第52回　終わり）

サービス接遇検定 3級実問題集（第52回～第58回）

2023年9月10日　初版発行

編　者　公益財団法人 実務技能検定協会©
発行者　笹森 哲夫
発行所　早稲田教育出版
〒169-0075　東京都新宿区高田馬場一丁目4番15号
株式会社早稲田ビジネスサービス
https://www.waseda.gr.jp/
電話：(03) 3209-6201

サービス接遇検定
実問題集
3級
第52回～第58回

解答・解説編
（記述問題は解答例となります）

取り外して使えます
PULL UP

第58回　解答・解説

理論　Ⅰ　サービススタッフの資質

1.　**(2)**

通るたびに声をかけてくる人は話し好きなのであろう。シルバーホームのスタッフは入居者が楽しく過ごせるよう手助けするのが役目だから，声をかけたり話を聞いたりするのも誰にでも公平にしないといけない。従って，こちらから話しかけないなどは不適当である。

2.　**(2)**

会場スタッフの役割は，イベントを安全に滞りなく行えるよう全体に気を配ることである。蛍光色の制服は見つけやすいというのはその通りだが，スタッフは常にお客さまを意識して行動しないといけない。従って，(2)は不適当ということである。

3.　**(5)**

お客さまは分からないから尋ねるのだから，坂本は分かる人に代わって答えてもらう以外にない。新人かどうかはお客さまには関係ないのだから，分かる範囲で答えて了承してもらうなどは不適当である。

4.　**(2)**

以前からよく知っているような気安い態度でざっくばらんに話してよいのは，気心の知れた人。この場合は初めてのお客さまなのだから，まずは節度ある応対がお客さまに対する礼儀ということ。従って，(2)は不適当ということである。

5.　**(4)**

説明中に確認すればそれに答える人が説明を聞き逃すこともあり，また別の確認が必要になる。これがおしゃべりのもとになるということ。説明中不明なことがあれば後でまとめて尋ねるのがマナーでもある。従って，大目に見るなどは不適当である。

理論　Ⅱ　専門知識

6. **(4)**

料飲店などで会計することを「お愛想」と言うことがある。昔，店が客に「愛想がないことですみません」と言って会計をしてもらったことが語源といわれる。これが転じて「お愛想」は「お会計」の意味になり，今では客側も言うようになったという。

7. **(3)**

アンケートを行う目的は，お客さまがより満足する店になるように改善していくことにある。お客さまは書くことで気持ちが落ち着くことはあるかもしれない。が，改善しなければ意味のないこと。アンケートの目的になっていないので不適当である。

8. **(5)**

テニスウエアを購入するときサイズを気にするのは当たり前で，体格のよいお客さまならなおさらである。このようなときは「ストレッチ素材だから動きやすい」などがよい薦め方。「お客さまでも安心」は体格を殊更意識させる言い方なので不適当である。

9. **(1)**

先に予算を尋ねて，それに見合った品を勧めるのはよい。が，贈り物であれば，予算以上でも気に入った物を選ぶこともあり，そのような手助けをするのがギフト売り場担当のお客さまサービス。予算以上の品は勧めないなどは筋が違っていて不適当ということである。

理論　Ⅲ　一般知識

10. **(1)**

11. **(3)**

「口がおごる」とは，食べ物の好みがぜいたくになること。

実技　Ⅳ 対人技能

12. **(3)**

「ご賞味して」という言い方はしないので不適当。この場合賞味するのはお客さまだから，「ご賞味くださいませ」などが適切な言い方になる。

13. **(4)**

椅子をカウンターの下に収めておくのは，整頓し店内をきれいに保つため。それは店側で行う環境整備である。従って，お客さまに戻すようにお願いするなどは，事の理解が違っていて不適当ということである。

14. **(3)**

話し好きなお客さまの世間話を聞くのも，良好な関係づくりのためには必要なことである。必要以上の長居は禁物だが，このような対応も大橋の仕事なのだから，今回だけと断るなどは不適当ということである。

15. **(3)**

ライス大盛りの無料サービスをすることになったのである。従って，注文を受けるとき尋ねることは，大盛りと普通盛りのどちらにするかということ。肝心なことを聞かずに「お得でございますよ」では用が足りないので不適当ということである。

16. **(4)**

購入に関係なく，来店してくれたお客さまに礼などを言うのはサービススタッフとして必要なこと。が，「お忙しいところわざわざ」という言い方は，何も買わないお客さまには嫌みに聞こえる。余計な言葉なので不適当ということである。

実技　V 実務技能

17. **(3)**

封筒の中に入れたものを，◯◯が入っていると表面に表示する場合は「在中」が決まり文句。従って「見積書在中」が適当になる。

18. **(5)**

気軽な雰囲気もリラックスのもとになるというのはその通り。が，サロン内の整理整頓は，お客さまに快適な空間を提供するために必要なこと。施術で使用する商品でも整えられずに置いてあれば，お客さまは不快感を持つ。リラックスすることにはならないので不適当である。

19. **(2)**

普段協力をしてもらっている会社を招き，感謝の意を込めて行う懇親会である。予定外でも出席してくれたのだから歓迎しないといけない。欠席通知が届いていたとしてもそのようなことは関係なく，すぐ入場してもらうのがよいということである。

20. **(3)**

トイレの清潔さは店のイメージに関わる重要なこと。いつもスタッフ全員が意識しないと清潔さは保てない。また，全ての人がよそのトイレを平気で汚すわけではなく，それをスタッフに知ってもらうためでもないので不適当ということである。

21. **(3)**

金額を先に言ってから釣り銭を渡すのは，お客さまが確認しやすいのでよい。が，「お間違いございませんね」は，店側は間違いないと断定した言い方。安心してもらえることにはならないので不適当である。この場合は「お確かめください」などが適切な言い方である。

記述問題

実技　Ⅳ 対人技能

22. [解答例]

(1) a　外出いたしておりまして

b　戻らない予定で（ございま）す

(2) a　よろしければ

b　承ります，お受けいたします

c　いかがなさいますか

23. [解答例]

「ご面倒をおかけ（いた）しますが，明朝改めてお越し願えませんでしょうか」

実技　Ⅴ 実務技能

24. [解答例]

①（お客さまが驚いた表情をしているのはなぜか）

岩崎の方向の示し方が，案内する方向とは逆の手でしているから。

②（方向の示し方はどのようにするのがよいか）

方向を示すときは，案内する場所に近い方の手で指し示すのがよい。

（第58回　終わり）

第57回　解答・解説

理論　Ⅰ　サービススタッフの資質

1.　**(2)**

雨の日は少しでも早く店の中に入りたいと誰でも思う。このような場合は，先に入ってもらうのが相手を気遣った行動になる。待たせないように素早く出るといっても，出る間相手を待たせることになるので不適当ということである。

2.　**(3)**

この場合のよい印象とは，ホテルスタッフとして働くときの態度，動作，話し方などの感じのよさである。ということはいつも見られていることを意識して，てきぱきとした無駄のない行動を心がけるのが適当ということである。

3.　**(2)**

仕事柄，レストランスタッフの身なりには清潔感が求められる。この場合，爪の形を整えるのはよいが，マニキュアの色を口紅と合わせると一般的には色が濃くなる。清潔感はすっきりした色合いから感じられるものだから，濃い色は不適当ということになる。

4.　**(2)**

ここは販売店である。見るだけと言うお客さまに，ご自由にどうぞと言うのはよいが，販売を前提とした対応をしないといけない。とすれば，たとえ離れていてもいつでも対応できる気の配り方が必要で，見ないようにするというのは不適当である。

5.　**(5)**

何事にも順番があり，どのような場合も多少の待ち時間は付き物である。が，多少でも待つ時間は長く感じるもの。そのようなときスタッフが，「お待たせして申し訳ありません」と言えばお客さまも気分がよく，その後の対応もスムーズになるということである。

理論　Ⅱ　専門知識

6. **(2)**

「払い下げ」とは，不要になった物件を官庁などから民間に売り渡すことで，安売り販売とは関係のないことである。

7. **(4)**

苦情が出るほど騒がしいのだから基本的にはマナーに外れているということである。添乗員としては，ツアー客全体をまとめる立場だから対応しないといけないが，客観的な立場に立った言い方が必要ということである。

8. **(4)**

商品を追加するのだから手早く済ませる考えはよい。が，お客さまが効率よく買い物ができるようにするのなら，そばにいるお客さまが買い物を済ませるまで待ってから陳列するのがサービス。待ってもらうなどは不適当ということである。

9. **(3)**

席にこだわりのないお客さまもいるが，気に入った席で食事をしたいお客さまもいる。従って，皆さま我慢しているようだなどは言っても意味がないので不適当ということである。

理論　Ⅲ　一般知識

10. **(5)**
11. **(1)**

「ニーズ」とは，要望のことである。

実技　Ⅳ　対人技能

12. **(3)**

この場合は予約の日時に来なかった人が再度予約をしたいというこ

と。もう変更はないかと確認すれば，昨日来なかったことの嫌味とも取れる言い方になるので不適当。確認するなら，「変更の場合はご連絡をお願いします」などが無難なよい言い方である。

13. **(3)**

愛想とは，お客さまが喜び気分がよくなるようなことを言うこと。「似合うものがなくてすみません」は，お客さまにどれも似合わなかったと言っているような言い方。お客さまを不快にさせる言い方で愛想にはならないので不適当ということである。

14. **(4)**

故障していると連絡してきたのは，使うつもりだからである。であれば，申し訳ないと言って謝り，代わりをすぐに持って行くというのがこの場合の適切な対応になる。「ご入り用ですか」などと尋ねるのは不適当ということである。

15. **(2)**

「いたします」は自分がすることを謙遜して言う言葉なのでお客さまへの言葉遣いとしては不適当である。「お持ち帰りになりますか」などが適切な言い方になる。

16. **(3)**

常連のお客さまに声をかけられたからと，接客中のお客さまから離れるなどはそのお客さまを無視したことになるので不適当。このような場合は，常連客には待ってもらうことを会釈で暗に伝えるなどがよい対応である。

実技　V　実務技能

17. **(4)**

お客さまを迎えるのに，事務所内をきれいにしておくことが，サービスになるかどうかという問題である。一般的に人は清潔な印象に好感を持つ。広告代理店であっても人の印象は同様であり，居心地のよさにつながるということである。

18. **(4)**

冷蔵や冷凍が必要な品は,その扱いをしないと傷んだり,駄目になってしまう品物だから店側が配送の形式を指定することになる。従って,お客さまに「指定して送った方がよいか」と確認するのは不適当ということである。

19. **(5)**

20. **(4)**

チラシ作りの手伝いだから,確認するのはチラシに掲載する内容になる。具体的にはケーキの種類や金額,受取方法などケーキを購入する人に必要な情報である。チラシの配り方や配る人は,必要なことではないので不適当ということである。

21. **(3)**

苦情は内容もお客さまの気持ちもさまざまだから,まずお客さまの話をよく聞いて内容を理解しないといけない。従って,聞くことに専念するのが適切ということである。

記述問題

実技 Ⅳ 対人技能

22. [解答例]

(1) a お席にご案内

b 少々お時間を頂きます

(2) a お取りになって

b あちらで

c お待ちください

23. [解答例]

「本日ご宿泊予定のお客さまでいらっしゃいますね。ご予約のお名前をおっしゃってください」

実技　　V 実務技能

24. [解答例]

① (不愉快そうな表情をしているのはなぜか)

古内がお冷やのグラスを，お客さまが飲むときに口に当てる部分を持って出しているから。

② (古内はどのようにするのがよいか)

お客さまが口に当てる部分ではなく，グラスの中ほどを持って出すようにするのがよい。

(第57回　終わり)

第56回　解答・解説

理論　Ⅰ　サービススタッフの資質

1. **(2)**

声をかけたときにお客さまが何も言わないのは，何も求めていないわけではなく，タイミングが合わなかったということであろう。何も言わずに離れてしまえば，お客さまが必要としたときすぐにスタッフが対応できないので不適当ということである。

2. **(4)**

常連のお客さまからいつもと味が違うと言われたら，まずその原因は店側にあるものとして対応するのが基本。それをせずに，味はいつもと同じと決めつけて，体調に変化はないかなどと原因がお客さまにあるかのように尋ねるのは不適当ということである。

3. **(4)**

スタッフの表情がさえないと店の印象が悪くなるのはその通り。表情は内面の感情や情緒の表れだから内面から変えないと改善は難しい。化粧は外見の工夫。濃くしたとしてもさえない表情に変わりはないので指導したこととして不適当である。

4. **(5)**

商品確認の復唱をするのは，お客さまが注文した品と聞き取った品に違いがないかを確認するため。とすれば，相手に聞き取りやすくゆっくり話すことが必要な話し方。早口で話すと考えるなどは不適当ということである。

5. **(5)**

ホテルでお客さまによい印象を持ってもらうには，何事もお客さまのペースに合わせることになる。せっかちなお客さまなら合わせててきぱきとしないといけない。なのに，落ち着いてもらうためお客さまのペースに合わせないなどは，筋違いの心がけで不適当ということである。

理論　Ⅱ　専門知識

6. **(1)**

寒い日に来店のお客さまを気遣うなら，室内を十分に暖かくしておくことが店のサービス。コートを着たままでよいなどは，髪のカットに差し支えるしお客さまも落ち着かないであろう。お客さまを気遣ったサービスにはならないので不適当ということである。

7. **(3)**

お客さまに満足してもらうためにサービスはある。お客さまのことを思って何かしたとしても，受けたことにお客さまが満足しなければサービスの意味がない。こちらの気持ちだけですればよいという指導は不適当ということである。

8. **(4)**

お客さまが集中して待たせているのはこちら側の事情だが，不測の事でやむを得ないことでもある。このような場合はとにかく謝り待ってもらう以外にない。待たされているのは皆さま同じなどは，事態に対応した言い方でなく不適当ということである。

9. **(1)**

買い上げ量に対してどのサイズのレジ袋が適切かなどはなかなか分からないものだから，見合ったサイズを提案してもらえるのはお客さまにはうれしいこと。また，それができるのはレジスタッフの経験知からくるサービスでもある。従って，(1)が適当ということである。

理論　Ⅲ　一般知識

10. **(3)**

干菓子は，保存が効くように水分を少なめにして作った和菓子の総称で，煎餅や落雁などのことである。

11. **(2)**

実技　Ⅳ 対人技能

12. **(4)**

食欲がないのなら，どこか具合の悪いところはないかなどと体調を気遣う言葉をかけるのがこの場合の対応。作っている人に悪いなどと言うのは，利用者（高齢者）の気持ちを考えていない対応なので不適当ということである。

13. **(5)**

お客さまに「間違いないか」と尋ねるときの丁寧な言い方は「お間違いないでしょうか」などである。「間違いなさそうですか」はお客さまに対する言い方としては丁寧さに欠けている。従って，直す必要はないので不適当ということである。

14. **(4)**

得意客に，新しく入ったスタッフを紹介するのだから，フルネームで敬称は付けずに言うのがこのような場合の紹介の仕方である。

15. **(4)**

お客さまが予約のときに，いつも宿泊していると言ったのは常客だという意味。このような場合は，いつもありがとうございますと言って，予約を受ければよいこと。前回の宿泊を確認するなどは必要のないことなので不適当ということである。

16. **(3)**

ポイントカードのことを聞いても返事がないとなると，忘れた，持っていない，存在を知らないなどであろう。であれば，スタッフとしてはそれらに関係する尋ね方がよいことになる。いつもは他の店を利用しているのかなどと聞いても意味がなく不適当ということである。

実技　Ⅴ　実務技能

17. **(2)**

指定した時間に合わせて帰宅したのに不在票が入っていたのだから，お客さまの苦情は当然であろう。宅配業者としては弁解のしようがない。従って，お客さまの希望に合わせて再配達するのが適切な対処ということである。

18. **(5)**

貸会議室を使用中のお客さまからの依頼である。このような場合のやりとりは，全て電話で依頼した人が窓口になる。従って，誰に連絡するかと確認するのは不適当ということである。

19. **(1)**

20. **(2)**

「後株の～」とは「株式会社」が会社名の後に付くということ。「(株)」と省略するときはお客さまが了承した場合であり，領収書には省略しないのが正式な書き方ということである。

21. **(2)**

同程度の物を調べて出直すと言うほどだから，購買意欲のあるお客さまである。であれば，この場で類似の物を紹介してお客さまを囲い込むなどがこの場合の取るべき対応。来店を待っているなどはみすみすお客さまを逃すことになりかねず不適当ということである。

実技　Ⅳ　対人技能

22. [解答例]

(1) a　お連れの方

b　お着きになりました・到着されました

(2) a　皆さま

b　おそろいですので・おそろいになりましたので

c　お出しいたします

23. [解答例]

「お荷物は全てお持ちになって，お席をお立ちくださいますようお願いいいたします」

実技　Ⅴ　実務技能

24. [解答例]

①（不愉快そうな表情をしているのはなぜか）

川島が椅子の横（左側）に立っているので，お客さまが座れないから。

②（川島はどのようにするのがよいか）

椅子の後ろに立ち，背もたれを引いた後，お客さまの方を向いて椅子を手で指し示すようにするのがよい。

（第56回　終わり）

第55回　解答・解説

理論　Ⅰ　サービススタッフの資質

1. **(4)**

待ち時間を尋ねるのは，それによって待つかどうかを検討するためであろうから，案内係としては目安の時間を答えるのが適切な対応。覚悟して待てば間違いないなどは案内したことにならないので不適当ということである。

2. **(4)**

分からないことを聞かれたときは，分かる人に確認して答えるか他の人に代わるのがお客さま応対の基本。新人なのでと謝るのはよいとしても，お客さまにどうすればよいかと指示を受けるなどは見当違いの応対で不適当ということである。

3. **(5)**

この場合の積極性とは，お客さまが今より心地よくなる関わり方をすること。お客さまは，欲しいものが見つかったのだから満足している。そんなときにこれでよいのか確かめるなどは，お客さまの満足感に水を差すような言い方。積極性といえず不適当ということである。

4. **(3)**

作業中お客さまから声をかけられたときは，手を止めてすぐに対応するのがてきぱきとしたお客さま対応。手を休めずに対応するなどは，お客さまに失礼な接し方になるので不適当ということである。

5. **(1)**

営業スタッフはお客さまに好印象を持たれることが大切。それにはお客さまより控えめであることが望ましい。アクセサリーは服装を引き立てる効果があるので着けるのはよい。が，印象に残るように大きい物という指導は，この場合不適当ということである。

理論　Ⅱ　専門知識

6. **(2)**

「サービス向上月間」とは，お客さまへのサービスをもっとよくするために，何かを行ったり意識させたりするための行事である。上得意のお客さまだけに限定して，さらにサービスすることではないので不適当ということである。

7. **(3)**

予約の電話はお客さまの都合でかけてくるから，来店時間は順番とは限らない。なのに，予約が入ってすぐに作り始めれば，時間通りに来店したお客さまは冷めた料理を受け取ることもあり得る。本末転倒のサービスになるので不適当ということである。

8. **(5)**

ホテルのレストランだから，朝食をゆっくりと楽しみたい人もいれば，仕事や旅行などの予定に合わせ手早く済ませたい人もいる。急ぐ人には，待たせずに食事を提供するのがサービス。スピーディーさとホテルの格は関係がないので，この場の心がけとして不適当である。

9. **(2)**

スタッフに雨を知らせるのは，雨に対応したお客さまサービスをするため。従って，傘を手にしていないお客さまに雨を知らせるのはよい。が，尋ねられてもいないのに傘売り場を教えるなどは押し付けがましい対応になるので不適当である。

理論　Ⅲ　一般知識

10. **(2)**

「商売上がったり」とは，商売がうまくいかずどうしようもない状態のことである。

11. **(1)**

「手が切れる」とは，今までの関係がなくなることである。

実技　Ⅳ 対人技能

12. **(2)**

カップは陶磁器だから，お客さまの前で割れたということになると，手などにけがをしたかもしれない。店側としてお客さまを案ずれば，まずそのことになる。従って，おけがはございませんでしたかと，けがのことを言うのが適当ということである。

13. **(3)**

「いつも予約時間を過ぎて申し訳ない」と言うお客さまに，「お忙しいのですか」と言うのはよいが，「そんなに」を付け加えると，忙しいことを否定するような言い方になり不適当である。この場合，「大変でございますね」などの素直な言い方がよいことになる。

14. **(1)**

「ご来園してくださいまして」という言い方はないので不適当。この場合の適切な言い方は，「ご来園くださいまして」などである。

15. **(2)**

先輩がお客さまをよく見ているようにと言ったのは，よく見ていればそれに合ったサービスができるという，サービスの質を高めるため。従って，よく見ていれば，買うためなのか見て回っているだけなのかの見当がつくからと考えたのは不適当ということである。

16. **(4)**

賞味期限は買うかどうかの判断材料にもなるから，購入前に必要な情報となる。従って，何日持つかと聞かれたのであれば，その場ですぐに答えるのがこの場の適切な対応。箱に表示するので見てほしいでは，対応になっておらず不適当ということである。

実技　Ⅴ 実務技能

17. **(1)**

原因があってミスは起こるが，それはこちらの事情でお客さまには関係がないこと。だから苦情にもなるのである。お客さまに関係がないミスの事情を理解してもらっても苦情の対応にはならないので不適当ということである。

18. **(2)**

祝い品の返礼の上書きは「内祝」が習わし。内祝は本来自分の家の祝い事を記念して贈り物をするときの上書きで，それが返礼の際の上書きにも転用されたということ。「御返礼」という上書きはないので不適当ということである。

19. **(1)**

母親は，泳げないのは指導に問題があるのではないかと言っている。同じように始めて差が出ているのは，指導の仕方なのかその子に問題があるのか分からない。田上の立場としては，確認してみるなどの答え方がよいということである。

20. **(5)**

テープを貼るのは，レシートを確認しなくてもテープを見ればレジを通ったことを分かるようにするため。レジを通った証明になる重要な目印なので，テープはあくまでもスタッフが貼らなければいけない。大きな品でもお客さまに渡すのは不適当ということである。

21. **(5)**

マーカーの点検は，次の準備としてするものだが，催促がある前に会議室に備えておくべき物。従って，(5)の指導は不適当ということである。

記述問題

実技　Ⅳ　対人技能

22. [解答例]

(1) a　どなた（さま）か

b　お待ち合わせでしょうか,

お待ち合わせでいらっしゃいますか

(2) a　あちらのお席

b　いらっしゃる

c　お呼びしますか

23. [解答例]

「こちらの冷蔵庫は(お)色違いがございます。どちらになさいますか」

実技　Ⅴ　実務技能

24. [解答例]

①（お客さまが不愉快そうな表情をしているのはなぜか）

椅子の背もたれに寄りかかって座ったまま，お客さまに対応しているから。

②（上西はどのようにするのがよいか）

お客さまが来店したらすぐに立ち上がり，お客さまを見て，椅子を指し示し案内するのがよい。

（第55回　終わり）

第54回　解答・解説

理論　Ⅰ　サービススタッフの資質

1. **(5)**

子猫の話などは聞いていて誰でも癒やされるもの。猫の嫌いな子がいるとしてもここでは話を聞くだけである。子猫の話をしたいのなら皆で聞いてあげるのが親しくなり楽しく過ごすための対応。話すのをやめようと言うなどは不適当ということである。

2. **(1)**

とかく待ち時間というのは退屈で長く感じられるものだから，気が紛れるものが手元に欲しい。雑誌の最新号なら情報も新しく興味もそそられるであろう。待ち時間を心地よく過ごすための手助けとして適切な対応ということである。

3. **(4)**

案内係だから，どのようなお客さまも感じがいいと思える身だしなみを意識することが必要である。ネイルアートや濃いめのマニキュアはおしゃれだが個性的なスタイル。案内スタッフとして感じのよい身だしなみとは言えないので不適当ということである。

4. **(4)**

腰の低い態度とは，お客さまに対してへりくだった謙虚な態度ということ。これは，姿勢だけの問題ではなく，お客さまに与える印象や雰囲気のことも含まれる。従って，いつも背筋を伸ばさないで振る舞うなどは理解が違っていて不適当ということである。

5. **(2)**

せかせかとは，慌ただしく落ち着かない様子のことだから，そのような感じを与えないようにするのはよい。が，常に落ち着いてゆっくりでは，時間や周囲を気にしないのんびりした行動になる。サービススタッフとしての応対になっていないので不適当である。

理論　Ⅱ 専門知識

6. **(2)**

待ち時間を感じさせないように配慮するのはよい。が，贈る相手のことを尋ねるなどは，余計なことと思うお客さまもいるであろうし，尋ねながら包装すれば手の動きも遅くなる。かえっていらいらさせることにもなりかねないので不適当ということである。

7. **(2)**

買おうかどうか迷っているお客さまには，その商品のよさをアピールして買ってもらうように努力するのが，販売スタッフの仕事。迷うなら今日は買わない方がよいなどは，みすみすお客さまを逃すことになり，気を利かせる対応ではないので不適当である。

8. **(4)**

「客商売」とは，旅館や飲食店など，客のもてなしを主とする職業のことである。

9. **(4)**

お客さまが自分のことを知ってくれている店に行くのは，居心地がよい，大切にしてくれる，気心が知れているので要望が言いやすいなど。店の格はその歴史や扱っている商品などからくる地位。全く別のことなので考えたこととして不適当である。

理論　Ⅲ 一般知識

10. **(2)**

「首が回らない」とは，借金が多くてどうにもならない状態をいう言葉である。

11. **(5)**

「コストダウン」とは原価を引き下げることである。

実技　Ⅳ 対人技能

12. **(3)**

入るかもしれない連絡が入っていなかったのだから，お客さまは期待が外れたことになる。従って，「残念」は期待通りにいかなかったお客さまの方が言う言葉で，フロント係が言うのは不適当ということである。

13. **(3)**

ナイフかフォークを落としたような音がしたのである。金属音だから周囲の人も気付く。このような場合は，お客さまに呼ばれる前にすぐに両方を持って行って対応するのが適切な対応ということである。

14. **(2)**

気さくに話すためには先輩後輩を気にしない方がよいかもしれないが，それでは職場の秩序が崩れてしまう。職場には職位職階があり，それを意識したお互いの対応で人間関係ができている。従って，先輩後輩の違いを意識しないのは不適当ということである。

15. **(2)**

長時間待たせてしまったお客さまなのだから，窓口で最初に言うのは，待たせてすまなかったということになる。「大丈夫」は，危険や心配がないことを表す言葉。待たせたことをわびる場面には当てはまらないので不適当ということである。

16. **(5)**

派遣スタッフでも南田は案内をする係である。分からないことがあれば，お客さまは案内係に尋ねる。案内係にも分からないことはあるから，そのようなときは分かる人に引き継ぐなどが役割になる。派遣スタッフなので分からないという言い方は不適当ということである。

実技　V 実務技能

17. **(4)**

ティッシュは受け取った人の来店を期待して配るのだから，渡すときは相手を意識するのがよい。人が多くなったら効率的に配りたいところではあるが，目は次の人を見る配り方は，おざなりな配り方で来店が期待できないので不適当ということである。

18. **(4)**

領収証は，発行者がその金額を受け取った証拠として支払者に渡す文書。従って，店側が書いてお客さまに渡さなければいけない。お客さまに直接書いてもらうのは不適当ということである。

19. **(3)**

誕生祝いの品選びのために尋ねたことである。性格とはその人を特徴づける意思，感情などの表れ方や傾向のこと。品物を選ぶためには直接関係がないので尋ねたのは不適当ということである。

20. **(4)**

予約者リストに名前がないのだから予約についてお客さまに尋ねることになる。が，いつも利用しているので間違いないと言うお客さまに，このホテルで間違いないかと尋ねるのは，お客さまを信用していない失礼な言い方なので不適当ということである。

21. **(3)**

無駄のないきびきびとした対応を意識するのはよい。が，早口では，相手が聞き取りにくくぞんざいな印象になる。従って，気持ちよく利用できることには結び付かないので不適当。この場合は，落ち着いた調子で話すことが必要ということである。

記述問題

実技　Ⅳ 対人技能

22. [解答例]

(1) a　ご来店のお客さま

b　お待たせする

c　存じます

(2) a　ご希望でしたら

b　こちらのお料理

23. [解答例]

「お客さまをお呼びしておりますが，電話にお出になりません。いかがなさいますか」

実技　Ⅴ 実務技能

24. [解答例]

①（不愉快そうな顔をしているがそれはなぜか）

名簿を見たまま名前を呼んでいて，患者さんを見ていないから。

②（前島はどのようにするのがよいか）

名簿で確認したら顔を上げて，患者さんの方を見て名前を呼ぶようにする。

（第54回　終わり）

第53回　解答・解説

理論　I　サービススタッフの資質

1. **(5)**

スタッフが敬語で応対すればお客さまを敬う雰囲気が出て，きちんとしている店という印象になる。その結果店の格が上がるということもあろう。が，来店するお客さまとは関係がない。見当が違っていて不適当ということである。

2. **(2)**

客が自分だけだと分かると緊張するお客さまもいるかもしれない。が，その気持ちを気遣って明るく迎えれば，お客さまの緊張は解けるはず。気を抜くとは，気遣っていないことだから不適当ということである。

3. **(5)**

声をかけられても応対中のお客さまを優先させることになるが，声をかけてきたお客さまにも，他のスタッフにお願いするなど何らかの対応をしないといけない。「ただ今応対中」と言うだけでは何も対応していないことになるので不適当ということである。

4. **(4)**

気持ちが焦ると，間違いやすくなるから落ち着く必要がある。復唱は間違いの防止になり，お客さまを安心させることもできる。だが，早口は相手が聞き取りにくくぞんざいな印象になる。感じのよい応対にならないので不適当である。

5. **(4)**

つらくて浮かない表情の患者さんに，つらそうな表情で症状を尋ねたら患者さんも落ち込む。白田は受付で病気の人に接するのだから，むしろ元気づける立場。気持ちを酌んであげるとしても，つらそうな表情で尋ねるのは不適当ということである。

理論　Ⅱ　専門知識

6. **(2)**

生鮮食品などは店側に落ち度があれば別の対応になるが，衛生上の理由から客の都合による返品は受け付けられないもの。が，そのことをあからさまに言ってはお客さまの不快感を誘う。従って，(2)のような間接的な言い方が適当ということである。

7. **(5)**

高級品だからショーケースで展示すれば商品管理もしやすいし，お客さまも眺めることはできる。が，気になる商品があれば手に取ってみたいと思うし，身に着けて実感したいと思うもの。そのまま見てもらうなどは見せ方として不適当である。

8. **(3)**

アンケートを行う目的は，お客さまがより満足する店になるように改善していくことにある。お客さまは不満を書いただけでは改善できたとは思わないので(3)のように考えたのは不適当ということである。

9. **(3)**

理論　Ⅲ　一般知識

10. **(2)**

11. **(4)**

この場合の「足が早い」とは，鮮度が落ちやすいとか，腐りやすいということを表現する言葉。身の締まりがよいことではないので不適当ということである。

実技　Ⅳ 対人技能

12. **(5)**

あらかじめ用意した浴衣のサイズが大きいのだから，合うサイズに取り換えなければならない。「ご予約のときお知らせいただいたサイズ」などと，お客さまの落ち度であるかのようなことをわざわざ口にするのは不適当ということである。

13. **(2)**

服装に敏感な人は自分の服装にも敏感だから，おしゃれにも関心があり似合う服を心得てもいる。ここは婦人服店で客とスタッフという立場。そのような場でスタッフが目立つ服装をすれば，お客さまを立てる立場をわきまえていないことになるので不適当である。

14. **(5)**

お客さまに「持っているか」と尋ねるのだから，この部分を敬語にすればよい。「持って」を「お持ちで」または「お持ちになって」とし，「いるか」の部分を「いらっしゃいますか」にすれば，お客さまを敬った適切な言い方になるということである。

15. **(2)**

宿泊しているお客さまがどのように過ごそうとお客さまの自由である。従って，「どちらにお出かけでしょうか」は，お客さまの行動に立ち入っているので不適当。このような場合は，天気の話題や「お気を付けて」などの差し障りのない対応をするのがよい。

16. **(5)**

予約日に来院しなかったのは，急な事情で都合がつかずやむを得なかったのであろう。それは今回の予約とは別のこと。「次は大丈夫か」と尋ねるなどは，来院しなかったことへの嫌みで感じが悪いので不適当ということである。

実技　Ⅴ 実務技能

17. **(5)**

お客さまは，その商品があるかどうかを調べてもらいたいのである。電話が通じなければ，他の方法での対応を提案することになるが，売り場の番号を教えるだけでは，要望に沿った対応にはならないので不適当ということである。

18. **(5)**

お客さまに居心地がいいと感じてもらうためには，店内の清潔感も重要な要素となる。カットした髪をいつまでもそのままにしておくのは，不衛生でありお客さまに不快感を与えることにもなる。従って，居心地のよさにはつながらないので不適当ということである。

19. **(4)**

この場合のお返しとは，お礼の品を贈ることである。内祝いは身内や親しい人の間でする祝い事のことで出産祝いもその一つ。一般的にそのお返しは，この祝い事の贈り物という形をとって「内祝」の言葉を使っているということである。

20. **(4)**

お客さまの荷物が届いたらそのままお客さまに渡すのが通常の対応。荷物は密封されているのだから，確認はお客さまがすることである。中身の確認を手伝うがどうするかを尋ねるなどは，見当違いの余計なことで不適当ということである。

21. **(3)**

苦情は最後まで一通り聞くのが受け方の基本で，そのときの態度は，謝ったり相づちを打ったりして相手に同調する態度も必要。従って，気が静まるまでは何も言わず黙って聞いていることという指導は違っていて不適当ということである。

記 述 問 題

実技　　Ⅳ 対人技能

22. [解答例]

(1) a　本日

b　入荷（いた）します

(2) a　ご覧いただいてから

b　お渡しする

c　よろしいでしょうか，よろしいですか

23. [解答例]

「ご予約はどなたさまのお名前でなさいましたか」

実技　　Ⅴ 実務技能

24. [解答例]

①（お客さまが困っているがそれはなぜか）

米沢がワゴンを押しながら言葉だけで案内しているので，お客さまはどの椅子に座ればよいか分からないから。

②（米沢はどのように案内するのがよいか）

座ってもらう席の近くに立ち，お客さまの座る椅子を手で指し示し案内するのがよい。

（第53回　終わり）

第52回　解答・解説

理論　Ⅰ　サービススタッフの資質

1. **(3)**

愛想とは，お客さまに好感を持たれるようなことを言ったりしたりすること。買い上げ品に満足しなければ交換したいと思うのはお客さまの気持ちだから，愛想とは関係がない。従って，買い上げ品の交換をする人が愛想のよい応対で減るというのは不適当である。

2. **(4)**

このような場合は，お客さまの残念な気持ちに同調するとか，予約が取りやすい時季などを紹介して慰めるなどがスタッフの対応。人気のホテルは仕方ないとは諦めるようにと諭しているような言い方。感じのよいスタッフとは言えないので不適当である。

3. **(3)**

ショッピングセンターの総合案内だから，センター内についての質問に答えるのが仕事。答えた後に，今の説明で理解できたかと尋ねるなどは，お客さまの理解力を疑うような言い方。よい印象を持ってもらえる応対にはならないので不適当ということである。

4. **(1)**

販売スタッフが明るい性格で行動が早いのはよい。が，感情を顔に出すというのはよいことも悪いことも出すということ。よいことならよいが悪いことは，例えば腹を立てていることがお客さまにも分かること。販売スタッフの性格としては好ましくないということになる。

5. **(4)**

この場合考えがまとまらないのだから，まとまるような手助けをするのが，お客さまの立場に立った応対になる。まとめてから出直してもらいたいと言うのでは，何の手助けもしていないので不適当ということである。

理論　Ⅱ　専門知識

6. **(5)**

スカーフはさまざまな素材，形，柄があるから，確かに贈る相手の好みが分からなければ選ぶのは難しい。が，お客さまの要望に対応するのが接客の基本。プレゼントしたいというのだから，気に入らなければ交換可能と言って選ぶ手助けをするのが適当である。

7. **(1)**

患者さんは不安で上の空で聞いていることもある。一度で分からない人にはどこまで理解したかを確認しながら説明するのが感じのよいスタッフ。大きな声で繰り返すだけでは適切な対応と言えないので不適当である。

8. **(4)**

「定番商品」とは，流行に関係なく安定して売れる品のこと。

9. **(1)**

店のサービスを提供するとは，お客さまの期待以上の対応をして，お得感を感じてもらうようなこと。新製品の予約をする人は新しい品に期待しているのに，在庫がある類似品では新味もなく，在庫処分という店の都合を優先していることにもなり不適当である。

理論　Ⅲ　一般知識

10. **(2)**

「上がり」とは，お茶のこと。

11. **(4)**

実技　Ⅳ　対人技能

12. **(3)**

「消費する」とは，お金や物・時間などを使ってなくすこと。「食べる」という意味では一般的に使わない言葉である。この場合は「ご賞味ください」「お召し上がりください」などが適切な言い方になる。

13. **(1)**

具合が悪いのでキャンセルしたいというお客さまに残念と言うのはよい。が，「次のご予約はいつごろ」と尋ねるなどは，思いやりが感じられない応対で不適当。このような場合は体調を気遣い，回復したら連絡を待っているなどの応対がよいということである。

14. **(3)**

注文した後もメニューを見ているということは，追加で注文するかどうか迷っているなどであろう。お客さまにいつでも気軽に声をかけてもらえるよう，何かあったら遠慮なく言ってほしいと伝えるのがよいということである。

15. **(5)**

受話器を指で指したり，手のひらで待ってとするしぐさは，来店客に杉山の事情を分かってもらうためにすることであっても，お客さま対応の仕方としては不適当。態度や振る舞いは丁寧で改まったものでないといけないということである。

16. **(5)**

「お持ちして」はお持ちするという謙譲語を用いた言い方なので不適当。この場合は，お客さまに対して言うのだから尊敬語で言わないといけない。従って，適切な言い方は「お持ちくださいませ」などになる。

実技　Ⅴ　実務技能

17. **(3)**

お客さまから苦情を言われても，川辺は事情が分からないのだから対応のしようがない。が，苦情からすると考えられるのは営業所の対応の仕方である。従って，営業所の対応についてわびるのが適当ということである。

18. **(3)**

会議室使用の予約を受ける場合お客さまに尋ねることは，予約担当者名や，当日使用のための準備に必要なことである。従って，会社名は必要だが代表者名は必要ないので尋ねたのは不適当ということである。

19. **(4)**

法事は故人を供養するための仏式の行事で，現金を仏前に供えるときの上書きは(4)になる。なお，(1)は神式の弔事(2)はキリスト教式の弔事(3)は僧侶への謝礼の上書き，(5)は喪に服する期間が終わることで上書きではない。

20. **(5)**

配達日が今日に指定されている荷物があると言われたのだから，確認すると返事をするのが配達係の対応になる。ホームページで調べた方が早いとしても，お客さまに言うことではないので不適当ということである。

21. **(4)**

店内の整理整頓は，お客さまに気持ちよく買い物をしてもらうためにすること。少しであっても畳み方が乱れたままではお客さまは不快感を持つ。気軽に手に取れるようにと乱れたままにしているなどは，考え方が逆なので不適当ということである。

記述問題

実技　Ⅳ 対人技能

22. [解答例]

(1) a　ご注文

b　頂いておりました

(2) a　ございますので

b　よろしければ

c　お持ちいたしましょうか

23. [解答例]

「ご希望の商品がお決まりになりましたら，こちらにお書きになってください」

実技　Ⅴ 実務技能

24. [解答例]

①（お客さまが不愉快そうな表情をしているのはなぜか）

松田は直立したままオーダー端末だけを見て，お客さまから注文を受けているから。

②（松田はどのようにするのがよいか）

松田は前傾姿勢になり，お客さまの顔を見ながら注文を受けるのがよい。

（第52回　終わり）

サービス接遇検定 3級実問題集（第52回～第58回）
解答・解説編

2023年9月10日　初版発行

編　者　公益財団法人 実務技能検定協会©
発行者　笹森 哲夫
発行所　早稲田教育出版
〒169-0075　東京都新宿区高田馬場一丁目4番15号
株式会社早稲田ビジネスサービス
https://www.waseda.gr.jp/
電話：(03) 3209-6201

ビジネス系検定　公式受験参考書

■秘書検定

パーフェクトマスター	3 級 /2 級 / 準 1 級
集中講義	3 級 /2 級 / 準 1 級 /1 級
クイックマスター	3 級 /2 級 / 準 1 級
実問題集	3 級 /2 級 / 準 1 級 /1 級
新クリアテスト	3 級 /2 級 /1 級・準 1 級
受験ガイド	3 級

■ビジネス文書検定

受験ガイド	3 級 /1·2 級
実問題集	3 級 /1·2 級

■ビジネス実務マナー検定

受験ガイド	3 級 /2 級 /1 級
実問題集	3 級 /1·2 級

■サービス接遇検定

公式テキスト	3 級 /2 級
受験ガイド	準 1 級 /1 級
実問題集	3 級 /1-2 級

サービス接遇検定 3級 実問題集

早稲田教育出版